투자의 속성

투자의 속성

:당신이 투자로 돈을 못 버는 이유

오에 히데키 지음
오시연 옮김

지Jisangsa 상사

투자의 본질을 안다는 것

주식 시장이 전 세계적인 호황을 이어가는 가운데 지난 몇 년간 투자를 시작한 사람들이 늘어났다.

특히 니사(NISA)와 같이 세제상 혜택이 있는 투자방식이 생겼고 누구나 소액으로 투자할 수 있게 된 것도 이런 움직임에 힘을 실었다. 어떤 사람들은 '생각하지 말고 일단 시작해라' '투자는 평범한 사람이 일상적으로 하면 성공한다'고 말한다.

투자를 시작하는 사람이 늘어난 것은 바람직한 현상이지만 이와 같은 상황을 보면 나는 약간 불안해진다. 투자를 너무 쉽게 생각하는 사람이 많기 때문이다.

증권사에서 30년 넘게 개인투자자 상담을 해왔던 나는 시장이 폭락하자 큰 손해를 보고 결국 투자에서 손을 뗀 사람을 지금까지 수없이 보았다. 그들은 투자의 본질을 정확히 이해하지 못한 상태에서 그저 '돈을 벌고 싶다'는 마음 하나로 투자를 시작했고 결과적으로 실패했다.

시작하기는 쉬워도 지속하기는 어려운 것이 투자다. '가격 변동'이라는 시장의 마물(魔物)이 인간의 판단을 그르치기 때문이다. 따라서 자신의 머리로 생각하고 경험하며 약간의 실패를 겪으면서 자신만의 투자철학을 확립하는 것이 중요하다.

과거의 폭락을 극복하고 장기적으로 투자에 성공한 사람은 모두 그렇게 해왔고 지금도 하고 있다.

요즘처럼 시장이 호황일 때는 각종 언론과 금융기관이 입을 모아 투자를 해야 할 때라고 권한다. 하지만 '투자를 시작했지만 생각보다 수익이 나지 않는다', '닛케이평균 지수는 이렇게 많이 올랐는데, 내 계좌는 왜 이러냐'는 목소리도 종종 듣는다. 투자의 원리원칙을 이해하지 못해서 겪는 일이다.

이 책은 투자의 원리원칙과 사람들이 쉽게 빠지는 착각을 짚어보려고 썼다.

여기서는 주식 차트를 보는 법이나 기업분석 방법을 거의 다루지 않았다. 그런 책은 서점에 가면 얼마든지 있기 때문이다. 하지만 투자의 본질을 쉽게 풀어쓴 책은 좀처럼 찾아볼 수 없다.

투자를 시작했지만 생각처럼 잘되지 않는다. 그런 사람에게 이 책이 투자에 대해 깊이 생각할 계기가 되기를 바란다.

오에 히데키

제1장

당신이
돈을 벌지 못하는
데는 이유가 있다

1 | 투자는 그렇게 만만하지 않다

폭락은 항상 어느 날 갑자기 온다

첫마디부터 부정적인 말을 해서 미안하지만, 투자는 결코 쉬운 일이 아니다. 더욱이 투자하면 반드시 돈을 버는 것도 아니다.

지난 몇 년간 세상은 '저축에서 투자로' 방향을 바꾸는 추세로 변하면서 누구나 투자를 해야 한다는 분위기가 조성됐다. 덧붙여 2012년, 아베 정권이 출범하여 아베노믹스를 시행한 이후, 중간중간 기복은 있었지만 기본적으로 상승 장세가 지속했다. 이때 투자를 시작한 사람 중 상당수는 크건 작건 상승 장세의 수혜를 입어 이익을 냈을 것이다.

하지만 이것은 지난 몇 년간 운이 좋았을 뿐이라는 측면을 부정할 수 없다.

아무리 좋은 장세라도 영원히 계속되는 법은 없다. 가까운 예로 신종 코로나바이러스의 확산이 시작된 2020년 3월, 주식 시장이 크게 하락해 가슴이 서늘했던 사람이 많았을 것이다. 물론 코로나로 인한 폭락은 일시적이었고, 그 후 시장이 회복되었지만 항상 그렇다는 보장은 없다.

앞으로도 리먼브라더스 사태급 하락이 10년에 한 번꼴로 일어날 가능성은 충분하다.

나는 1974년부터 증권사에서 일해 왔으므로 거의 반세기에 걸쳐 주식 시장을 보아왔다. 리먼브라더스 사태급 하락을 적어도 네 번을 겪었다.

그렇게 대폭락이 일어나기 직전, 오히려 사람들은 주가 상승이라는 흥분의 도가니에서 수혜에 취해 있었다. 그러다가 어느 날 갑자기 폭락이라는 찬물을 뒤집어쓰고 실망과 절망에 빠져 주식 시장을 떠나는 모습을 수없이 보아왔다. 아마 앞으로도 수없이 그런 일이 반복될 것이다.

장기 · 적립 · 분산투자가
항상 옳다고 할 수는 없다

과거에는 주식 시장이 호조일 때 투자를 권하는 주체가 증권사밖에 없었다. 그런데 요즘에는 은행과 우체국도 투자신탁(펀드) 상품을 판매하기 때문에 당신이 들어둔 예금이 만기가 되면 펀드를 권하는 경우가 늘어났다.

또 블로그와 SNS가 활발해지면서 이런저런 식으로 성공한 투자 블로거들이 정보를 발신하기 시작했다. 그중에는 현명하고 치우치지 않은 블로거도 있지만 자신의 성공 체험을 바탕으로 한 투자방식이 최고라고 주장하는 '원리주의자'도 많다. 다시 말해 옛날과는 비교할 수 없을 만큼 사람들을 투자의 길로 유인하는 힘이 강해진 것이다.

특히 요즘에는 '장기·적립·분산투자'라는 원칙을 금과옥조로 여기는 사람들이 늘어났다. 이렇게만 하면 장기적으로 손해 볼 일이 없다는 논조다.

이 책에서 자세히 다루겠지만 앞의 투자기법은 잘못되지 않았고 사람들이 비교적 쉽게 실행할 수 있으므로 어느 정도 효과가 있는 것은 확실하다.

하지만 항상 올바른 방법은 아니다.

투자할 때는 다음 3가지가 필요하다.

① 자신이 리스크를 감내할 용기가 있을 것

② 자신의 머리로 생각할 것

③ 최소한의 공부를 할 것

이것은 특별한 노하우가 아니라 투자하는 사람이 지녀야 할 마음가짐이라고 할 수 있다.

영국의 유명한 희극배우인 찰리 채플린의 영화 〈라임라이트〉에는 이런 대사가 나온다.

"Life can be wonderful if you're not afraid of it. All it takes is courage, imagination … and a little dough"

(우리가 삶을 두려워하지만 않는다면 삶은 아주 멋진 것이다. 인생에는 용기와 상상력 그리고 약간의 돈이 필요하다.)

이 대사에 나오는 '인생'을 '투자'로 바꿔보자. 투자에 필요한 것은 '용기'와 '상상력' 그리고 '약간의 돈'이다.

'투자는 누구나 할 수 있다 & 생각하기보다 먼저 행동하라'의 위험성

그런데 안타깝게도 옛날이건 지금이건 투자를 시작하는 사람 중 상당수는 이 대원칙을 이해하지 못한다. 3가지 중 무엇을 제일 먼저 생각해야 할까? '자신이 리스크를 감내할 수 있는가'이다.

주식투자로 번 돈을 불로소득 취급하는 사람이 있는데, 그것은 완전히 착각이다. 그렇게 말하는 사람은 '일을 한다'는 말의 뜻을 오해하고 있다. 그런 사람은 공장에서 제품을 만들거나 그 제품을 팔거나 회계 업무를 하는 등 눈에 보이는 노동만 일이라고 생각할 것이다. 하지만 기업의 경영자는 그런 일을 하지 않는다. 도요타자동차의 사장이 나사 한 개라도 만들 줄 알까? 유니클로 사장이 매장에서 직접 옷을 판매할까?

그렇다면 그들은 아무 일도 하지 않는 것일까? 절대 그렇지 않다. 그들은 아주 중요한 일을 한다. 바로 '리스크를 감수하고 판단하는 일'이다.

사람·물건·돈이라는 경영자원을 어디에 투입하면 가장 큰 이익을 얻을 수 있는지 판단하고 그 결정에 책임을 진다는 일이다. 샐러리맨으로 사는 사람들은 이점을 좀처럼 이해하지 못한다. 리스크를 감내하지 않으면 돈을 벌 수 없다. 비즈니스와 투자 활동 둘 다 적용되는 원칙이다.

리스크를 감수할 각오의 정도에 따라 당연히 수익의 규모가

달라진다. 높은 리스크를 감수하고 싶지 않다면, 높은 수익을 기대할 수는 없지만 리스크도 적은 예금이나 채권을 선택하면 된다. 직업에 대입해보면 샐러리맨이 이에 해당한다. 리스크를 감수할 각오가 전혀 없다면 투자를 하지 않는 것이 좋다.

또 **투자할 때는 자신의 머리로 생각해서 판단하는 것이 가장 중요하다.** 리스크를 감수한다는 것은 그런 의미다. 다른 사람에게 '어디에 투자해야 하냐', '무슨 주식을 사면 돈을 벌 수 있냐'고 질문하는 것은 말도 안 되는 짓이다. 당신이 투자에 실패해도 누가 대신 책임져주지 않는다. 투자의 결과는 오롯이 본인의 책임이므로 자신이 생각해서 판단할 수밖에 없다. 그러려면 어느 정도는 투자에 관한 공부를 해야 한다.

하지만 '투자는 어렵지 않다', '투자는 누구나 할 수 있다'는 듣기 좋은 말에 현혹되어 '너무 깊이 생각하지 말고 일단 시작하라'는 말만 믿고 투자를 시작하는 사람이 한둘이 아니다.

리스크를 크게 감수해야 큰 수익을 얻을 수 있다

오해하지 말라. 나는 '투자를 하지 말라'는 것이 아니다. 가능하다면 투자는 하는 편이 좋다.

몇 년 전, 프랑스의 경제학자 토마 피케티(Thomas Piketty)의 저서 《21세기 자본》이 베스트셀러가 된 적이 있는데, 그 책에 나오는 'r 〉 g'라는 공식이 주목을 받았다.

r은 자본수익률, 쉽게 말하면 투자로 생기는 이익을 가리킨다. g는 경제 활동으로 생기는 경제성장률을 말하며, 노동자에게는 급여의 증가폭이 이에 해당한다. 그는 r 〉 g이므로 급여보다는 투자수익이 더 크고 그것이 사회격차를 낳는다고 주장했다.

그런데 생각해 보면 당연한 일이다. r(투자수익)을 얻는 원천에는 리스크가 포함되어 있기 때문이다. 회사의 오너인 경영자는 당연히 샐러리맨보다 훨씬 큰 리스크를 감내하고 일하며 그에 대한 대가로 큰 보수를 받는다. 앞에서도 말했듯이 투자도 큰 리스크를 감내해야 큰 수익을 얻을 수 있다.

뒤에 자세히 다루겠지만 감내할 수 있는 리스크의 크기는 저마다 다르므로 반드시 큰 리스크를 감내해야 한다는 말은 아니다. 그러나 리스크의 크기는 다르지만, 그것을 감내할 각오가 되어있는 사람만이 투자 활동을 해야 하는 것은 틀림없다. 리스크를 감수할 수 없다면 투자해서는 안 된다. 세상에 공짜 점심은 없기 때문이다.

2 | 투자는 좋지만 투기는 나쁘다는 말의 함정

투기는 머니게임이고
투자는 세상과 사람들을 위한 일인가?

이 세상에는 투자는 좋은 일이지만 투기는 나쁘다고 여기는 풍조가 있는 듯하다.

투자는 돈이 필요한 곳에 돈을 투입하는 행위다. 이것은 투자처인 기업을 응원하는 일이기도 하므로 투자는 사람과 세상에 도움을 준다. 하지만 투기는 단순한 도박일 뿐이며 머니게임에 지나지 않으니 좋은 일이 아니라는 식의 논리다. 이런 이유로 '투기'는 종종 사람들의 비난을 받는다.

특히 투자를 열심히 권하며 확산시키고 싶어 하는 사람들은 투자하는 사람들이 크게 늘지 않는 이유를 '사람들이 투자를 도박으로 오해하기 때문이다. 하지만 도박은 투기이고 투자는 도박이 아니다'라고 굳게 믿는 듯하다. 우리나라에서 투자 활동의 문턱이 높은 이유는 그렇게 단순하지 않으며 역사적으로 보면 그것만 다루어도 책 한 권을 쓸 만큼 많지만 여기서는 깊이 다루진 않겠다. 하지만 나는 필요 이상으로 투자를 미화하고 투기를 폄훼하는 목소리에는 거부감이 든다.

'도박은 허튼짓'도 잘못된 인식

주변에 투자를 권유하는 사람들은 이런 논리를 펼친다. '도박은 원래 허튼짓이다. 하지만 투자는 도박이 아니다. 그러니까 투자는 절대 허튼짓이 아니다.' 하지만 투자와 인연이 없는 사람들은 '투자는 도박'이라고 생각한다. 그래서 아무리 '투자는 도박이 아니다'라고 목소리를 높인들 별로 와 닿지 않는다.

오히려 나는 이렇게 생각한다. '도박은 허튼짓'이라는 전제 자체가 틀렸다고 말이다. 내가 보기에 도박 자체가 허튼짓은 아니다. 도박에 얽힌 사기꾼이나 타짜가 수상한 것이다. 투자와 투기는 모두 도박이 아니지만, 종종 부정행위가 일어난다. 가장 대표적인 것이 내부거래이며 분식회계도 이에 해당한다. 이것들은 모두 위법행위이므로 허튼짓 정도가 아니라 완전히 범죄다. 투자건 투기건 그와 관련된 범죄는 허용되어서는 안 된다.

투자와 투기는 무엇이 다른가

그러면 투자와 투기는 대체 무엇이 다를까?

아주 간단하다. 주식투자의 경우에는
'투자는 가치 향상에 베팅해 이익을 얻는 행위'
'투기는 가격 변동에 베팅해 이익을 얻는 행위'

다른 점은 이것밖에 없다. 둘 다 무엇인가에 '걸고' 이익을 얻는 행위이지만, 그 이익의 원천이 '투자하는 기업의 가치가 향상된다'에 있는지, 아니면 '투자하는 기업의 주가가 변동한다'에 있는지가 다를 뿐이다. 둘 다 시장에서는 필요불가결한 일이다. 투자는 앞으로 이익이 증대되리라고 예상하는 기업의 주식을 매수하는 것이다. 그런데 예상과 전망은 다양하므로 반드시 이론대로 가지는 않으며, 예상 밖의 일은 얼마든지 일어날 수 있다. 투기는 그런 시장의 비효율성이라는 성질(간극)을 이용하여 이익을 내는 것이다. 즉 많은 투자자가 존재하는 덕분에 수익을 낼 기회가 생긴다.

한편 투자자가 아무리 좋은 회사의 주식을 갖고 있어도 시장에서 현금으로 환금하려면 일정 수준 이상의 거래량이 필요하다. 일정한 수의 투기 수요가 존재하기 때문에 유동성이 확보되며 투자자의 환금성이 커지는 것이다. 다시 말해 투자자와 투기자(좀 이상하지만 편의상 '투기자'라고 하겠다)는 떼려야 뗄 수 없는 관계라고 할 수 있다.

미인 투표가 생각보다 어려운 이유

투자와 투기 중 무엇이 더 좋고 나쁜가가 아니라 '무엇이 더 어려운가'라는 관점에서 생각해 보자. 내가 생각하는 결론을 말하자면 절대적으로 투자보다는 투기가 더 어렵다. 앞서 말한 이익 원천의 차이점, 즉 가치 향상과 가격 변동 때문이다.

기업 가치를 보려면 재무제표가 가장 중요하다. 앞에서 약간의 공부가 필요하다고 말한 것은 바로 이 부분이며 기업의 재무 내용은 투자할 때 반드시 확인해야 한다.

미래의 일은 아무도 모르지만 적어도 과거 5년간의 이익 변화와 현금흐름, 경쟁사와의 비교 우위성은 조사해보면 알 수 있다. 물론 그렇게 한다고 해서 기업가치가 오를 회사를 정확하게 선별할 수 있다는 보장은 없다. 하지만 적어도 재무 분석을 통해 어느 정도 예측할 수는 있다.

그런데 '가격 변동', 특히 단기간의 가격 변동을 정확하게 추정하기란 불가능하다. 주가를 단기적으로 예측할 수 없는 가장 큰 이유는 인간의 심리가 영향을 주기 때문이다.

영국의 경제학자 케인스(Keynes)는 '주식투자는 미인 투표'라는 유명한 말을 남겼다. 내가 미인이라고 생각하는 사람이 아니라 사람들이 일반적으로 미인이라고 생각하는 사람을 뽑아야 한다는 뜻이다. 실제로 미인인지 아닌지, 그리고 내가 미인이라고 생각하는지는 아무 상관이 없다. 많은 이가 미인이라고 생각하는 사람이 누구인지 맞히는 것이 케인스가 말하는 미인 투표다.

즉 단기적 주가 변동은 얼마나 많은 사람이 그 회사를 좋다고 생각하는지 맞힐 수 있느냐에 달려 있다.

이것은 꽤 어려운 일이다. 사람들이 일반적으로 어떻게 생각하는지 재빨리 읽고 행동해야 하기 때문이다. 차트(주가 변동을 나타낸 그래프)는 사람들의 그런 심리적 측면을 나타낸 것이므로, 차트를 상세하게 분석하면 투자자의 심리를 어느 정도 읽을 수는 있다. 그러나 차트는 과거의 이력을 나타낸 것이므로 외부환경이 변하면 예전 차트대로 움직일지는 알 수 없다. 이렇게 투기는 투자보다 훨씬 난도가 높다.

투기는 자산형성에 적합하지 않다

따라서 개인투자자가 자산형성을 목적으로 할 때는 투기보다 투자가 적합하다. 뒤에 자세히 이야기하겠지만, 자산을 형성하려면 어느 정도 시간이 필요하다. 투기는 일반적으로 단기 승부이며 이기기도 하고 지기도 한다. 투기를 계속해서 백전백승하는 사람은 거의 없을 것이다. (지금까지 수많은 투자자를 보아왔지만 그런 사람은 딱 두 명이었다. 0은 아니지만 0에 무한대로 가깝다.)

그리고 많은 경우 작은 이익으로 승리를 쌓아 나가도 한 번의 큰 패배로 그때까지 벌어둔 이익을 날릴 수 있는 것이 투기의 무서운 점이다. 과거에 투기로 성공한 사람 중 상당수는 계속 투기를 한 것이 아니라 이때다 싶은 시점에 큰 리스크를 감수하고 승부했더니 결과적으로 어쩌다 승리한 경우였다.

그러므로 투기 자체는 나쁘지 않지만, 개인이 자산을 형성하기 위한 수단으로써는 별로 적합하지 않다는 점을 분명히 이해해야 한다.

3 | '보유하지 않은 리스크' 따위는 존재하지 않는다

'보유하지 않은 리스크'를 외치는 사람들

주식투자는 항상 가격 변동(주가 변동)이 수반된다. 따라서 주식을 보유하는 것은 리스크를 감수하는 행위이고 이것은 누구나 아는 상식이다. 그런데 주식 시장이 강세를 띠자 '주식을 보유하지 않는 리스크'라는 말이 종종 들려온다. 주식을 보유하기 때문에 리스크가 있는데, 보유하지 않는 리스크라니, 그게 대체 무슨 말일까?

 쉽게 말하자면 이것은 '기회손실(Opportunity Loss)'을 가리킨다. 더 풀어쓰면 '사지 않아서 손해 본 돈(샀더라면 벌었을 돈)'을 말한다. '앞으로 주가가 상승할 테니까 주식을 보유하지 않으면 손해 볼 것이다'를 '보유하지 않는 리스크'라고 표현한 것이다.

 그렇다면 대체 누가 그런 말을 할까? '보유하지 않는 리스크'를 소리 높여 외치는 대표적인 존재는 증권사 영업 사원들이다. 또 평론가나 증권 중개 업무를 하는 파이낸셜 플래너 중에도 꽤 있다. 그뿐 아니라 신문과 경제 잡지에도 증시가 강세를 띠면 이런 표현이 지면을 장식하는 횟수가 늘어난다.

이것은 모두 투자를 권유하기 위해 등장하는 표현이다. 당연히 '주식을 사지 않으면 앞으로 "보유하지 않는 리스크"가 발생한다'는 말을 듣고 허둥지둥 뭐라고 사려고 하는 사람이 생긴다. 그런 풍조를 부채질하는 것이 목적이라면 앞서 말한 사람들이 왜 그런 말을 하는지 이해할 수 있다.

기회손실로 심각한 영향을 받는 사람들은

그러나 실은 개인투자자에게는 '보유하지 않는 리스크'가 전혀 존재하지 않는다. 그 이유를 살펴보자.

'보유하지 않는 리스크' 즉 기회손실로 심각한 영향을 받는 것은 기관투자자, 그중에서도 다른 사람의 돈을 맡아서 운용하는 업무를 하는 사람들이다. 구체적으로는 투자신탁운용사(한국의 경우에는 자산운용사를 말함)에서 펀드를 운용하는 펀드 매니저나 연금기금[1]으로부터 일정한 수수료를 받고 운용을 위탁받은 신탁은행, 생명보험, 투자고문회사 등의 운용 부문에서 일하는 사람들이다.

그들에게 '보유하지 않는 리스크'가 존재하는 이유는 그들이 항상 비교당하기 때문이다. 무엇과 비교당할까? 바로 벤치마크

---

1 연금제도로 모인 자금으로써 연금을 지급하는 원천이 되는 기금을 말하며 보통 줄여서 연기금이라고 한다. 국민연금기금·사학연금기금·공무원연금기금 등이 여기에 해당한다.

와 동종업계 타사의 실적이다.

상당수 펀드에는 운용 벤치마크(기준)가 있다. 일반적으로 토픽스(TOPIX)와 닛케이평균 등의 시장지수가 이에 해당한다. 한국은 코스피와 코스닥 지수가 되겠다. 다시 말해 운용 성과가 시장평균지수를 기준으로 얼마나 높은지를 신경 쓴다.

시장 평균보다 높기만 해서도 안 된다. 동종업계 타사, 즉 다른 운용사의 실적과도 비교해야 한다.

개인투자자가 중심인 펀드면 모를까 연금기금을 운용할 경우, 대부분은 여러 운용사에 분산하여 운용을 맡기기 때문에 연간 운용실적이 명확히 비교된다.

물론 실적이 좋은 해와 나쁜 해가 있을 수 있으니 1년 동안의 실적으로 단순 비교 평가되진 않지만, 몇 년간 경쟁사에 지거나 극단적으로 차이가 나는 것은 바람직하지 않다. 계약을 해지하여 운용사를 변경하거나 운용 비율을 낮추는 일이 발생하기 때문이다. 그러므로 그들에게 가장 중요한 것은 벤치마크와 경쟁사에 뒤지지 않게끔 운용하는 것이다.

그런데 정체되었던 주식 시장이 반등해 상승하기 시작했을 때 주식 보유 비율이 경쟁사보다 적으면 어떻게 될까? 다른 업체가 주가 상승의 수혜를 입게 되고 운용실적이 경쟁사보다 뒤처질 것이다.

이것이 바로 기회손실이며, 시장에서의 '보유하지 않는 리스크'

다. 따라서 기관투자자에게는 틀림없이 '보유하지 않는 리스크'가
존재하며 대단히 중요한 요인이다.

투자를 쉴 수 있는 것이 개인투자자의 강점

그렇다면 개인은 어떨까? 개인투자자의 운영성과는 그 사람만의
문제다. 다른 사람이 이익을 내건 손실을 보건 전혀 상관이 없
다. 자신이 돈을 벌고 있는지, 그것만이 중요하므로 남의 운용실
적이 어떻든 그것에 영향을 받을 필요가 없다. 그러므로 자신이
현금 비중을 많이 가져가서 상승장에 올라타는 것을 놓쳤다고
생각하면 추격 매수하지 않으면 된다. 오히려 초조해져서 성급히
주식을 샀더니 그때가 고점이었다는 경우가 더 많다.

개인투자자는 '보유하지 않는 리스크'를 생각할 필요가 없으며
더 일찍 샀어야 했다는 생각이 들면 '쉬는 것도 거래'라는 말을
따르면 된다. 어설프게 매매하기보다는 아무것도 하지 않는 것이
더 좋을 때도 많다.

기관투자자의 경우에는 다른 사람에게 운용 수수료를 받으며
돈을 맡고 있으므로 '장이 안 좋으니까 쉬겠다'고 말할 수가 없
다. 운용전문가가 힘든 것은 개인과 달리 쉴 수 없다는 데 있다.
그리고 투자를 쉴 수 있다는 것이야말로 개인투자자가 가진 가
장 큰 강점이다.

모두 사러 갈 때 가만히 있는 용기가 필요하다

그런데 대개 주식 시장이 상승하기 시작하면 사람들은 달리는 말에 올라타려고 허둥지둥 주식을 매수한다. 증권사 직원이 권하지 않아도 성급히 사려고 한다. 왜 그럴까?

개인투자자가 초조해하는 것은 '남들이 다 사는데 나도 사야 해!'라는 심리다. 심리학으로는 '양떼효과(Herding Effect)' 또는 '편승효과(Bandwagon Effect)'라고 한다. 우리나라에는 '빨간 신호등도 함께 건너면 무섭지 않다'는 농담이 있는데, 주가가 고점(=빨간 신호)이어도 남들이 다 사면 괜찮아! 설사 위험해도 모두 같은 행동을 하면 안심이고 남들과 같지 않으면 불안하다는 심리를 누구나 다 갖고 있다.

하지만 주식투자에서는 남들과 같은 행동을 하면 안 된다. 남과 다른 행동을 하지 않으면 수익을 낼 수 없다. 그러나 사실 남과 반대 행동을 하기란 대단히 어려운 일이며 상당히 강한 의지를 갖고 있어야 실행할 수 있다. 그래도 최소한 남들이 매수에 뛰어들어 고점을 향하고 있을 때 가만히 지켜보는 것 정도는 할 수 있지 않을까?

걸러 들어야 할 영업 사원의 말

주식 시장은 영원히 상승하지도 영원히 하락하지도 않는다. 오른

것은 어느 시점에 반드시 내려가며, 그 반대도 마찬가지다.

따라서 어쩌다 상승장에 올라타지 못했다면 언젠가는 반드시 내려갈 것이니 다음 상승장을 기다리면 된다.

'보유하지 않는 리스크가 있다'고 주식이나 펀드를 권하는 영업사원이 있다면 개인투자자의 본질을 잘 모르거나, 알지만 실적을 위해 권유하거나 둘 중 하나다. 상대하지 않도록 하자.

세상에는 주식과 펀드를 한 번도 해본 적이 없는 사람도 많다. 그들이 '보유하지 않는 리스크'를 감수하고 있을까? 그렇지 않다. 투자를 하지 않아도 일상을 잘 살아가는 사람도 많다. 아니 그런 사람이 더욱 많을 것이다.

다시 한번 말하지만 '보유하지 않는 리스크'는 어디까지나 타인의 돈을 맡아서 운용하는 사람들 사이에서 상대적 비교를 할 때 적용되는 말이다. 개인투자자는 남과 비교할 필요가 없으며 각기 자신의 운용 스타일로 투자하면 되기 때문에 전문투자자와 달리 항상 자신의 돈을 몽땅 주식에 투자할 필요가 전혀 없다.

실제로 많은 개인투자자는 '가장 무서운 것은 보유 주식의 주가가 하락하는 것이 아니라 하락했을 때 추매할 자금이 없는 것'이라고 입을 모아 말한다. 오히려 현금을 항상 일정 비율로 확보해 놓고 주가가 크게 떨어졌을 때 살 수 있게 하는 편이 리스크도 적고 결과적으로 큰 이익을 얻기 때문이다. 자신만의 투자 스타일을 잘 지키는 것이 중요하다.

4 │ '손해를 입었다'는 착각

영업 사원은 그렇게 뛰어나지 않다

주식투자를 하는 개인투자자 중에는 '저 영업 사원 때문에 손해를 입었다'는 사람이 있다. 이 기분은 무척 잘 이해할 수 있다. 영업 사원이 권유한 주식을 샀는데 주가가 떨어지면 그 사람에게 불만이 생기는 것은 인지상정이다.

이것을 '주식투자는 자기 책임이니까 그러면 안 된다'고 잘라버리지 말고 다른 관점에서 살펴보겠다. 실은 '손해를 입었다'는 말에는 중대한 착각이 들어 있으며, 그런 발상으로 주식투자를 하면 절대 돈을 벌지 못하기 때문이다.

'손해를 입었다'는 말에는 영업 사원이 앞으로 떨어질 주식을 일부러 권했거나 강요했다는 어조가 느껴진다. 하지만 앞으로 어떤 주식이 오를지 모르는 것처럼 어떤 주식이 내릴지도 모른다. 나도 오랫동안 증권사에서 근무했지만 영업 사원은 그렇게 뛰어나지도 않고 공부도 많이 하지 않는다. 어느 업계건 영업 사원은 판매 실적으로 평가받는다. 판매 수완이 좋은 영업 사원은 증권사에도 많이 있지만 시장과 경제에 대해 열심히 공부하는 사람은 그리 많지 않다.

예전에 이런 일이 있었다. 한 선배 영업 사원이 있었는데 무척 뛰어난 사람이었다. 그의 고객은 모두 큰 수익을 올렸으며 이른바 '족집게' 영업 사원이었다. 물론 그 선배는 시장에 대해 열심히 공부했고 기업의 재무 내용과 성장성도 꼼꼼히 확인했다. 그래서 그가 권하는 종목은 결과적으로 주가가 오르는 경우가 많았고 고객도 수익을 낼 수 있었다. 그런데 그런 그에게도 불쾌한 고객은 있었던 모양이다.

"저 사람은 말이지 툭하면 말도 안 되는 요구를 해서 화가 나서 견딜 수가 있어야지. 그래서 앞으로 반드시 떨어질 만한 종목을 열심히 찾아서 권유했거든? 그런데 기가 막히게 전부 올라서 그 사람은 엄청 돈을 많이 벌었지 뭐야."

농담 같은 이야기지만 주가의 향방은 아무리 자신만만하게 점쳐도 그대로 들어맞는 법이 없다는 말이다.

영업 사원은 '무슨 주식을 사면 오를지' 대답할 수 없다

증권사에서 일하다 보면 '손해를 입었다'는 고객의 불평과 같은 정도로 듣는 것이 '무슨 주식을 사면 오를지 알려달라'는 말이다. 어떤 의미에서 이것도 영업 사원의 능력을 과대평가하는 말이다.

증권사에 몸담았던 시절, 나도 고객에게 종종 이런 질문을 받았지만 이에 대한 답은 딱 한 가지밖에 없다. "그런 걸 제가 어떻게 알겠어요?" 물론 나름대로 열심히 찾아보면 장기적 관점에서 성장할 기업을 어느 정도는 알 수 있다. 그러나 고객은 단기적으로 상승이 예상되는 종목을 알려달라고 요구한다. 그렇다면 대답은 당연히 '모른다'다.

그런데 고객이 그런 말을 듣고 수긍할 리가 없다. 뛰어난 영업사원은 그 질문을 듣고 정중하게 'ㅇㅇ(종목명)이 좋습니다'라고 추천한다. 실은 '돈을 벌 수 있는 주식을 알려달라'고 말하는 고객은 영업 사원에게 무척 고마운 존재다. 사실은 아무도 모르지만 'ㅇㅇ이 좋습니다'라고 하면 고객의 매수주문을 받을 기회가 오기 때문이다.

나는 증권사에서 현역으로 일하던 시절에 '뭘 사야 오르는지 알려달라'는 질문을 받으면 '그건 저도 모릅니다'라고밖에 답하지 않았다. 덕분에 내 영업실적은 별로 좋지 않았지만 심지어 이렇게 덧붙였다. "혹여 그걸 제가 알고 있다면 왜 고객님에게 가르쳐 드리겠어요? 그러면 제가 독차지할 수가 없잖습니까." 물론 농담조로 말이다. 하지만 이것은 진실이다. 정말로 백 퍼센트 대박 나는 종목을 알고 있다면 왜 굳이 남에게 가르쳐주겠는가. 이것은 투자 관련 지식이라기보다는 상식 문제다.

백 퍼센트 대박 나는 주식이 있다는 환상

종목을 알려달라는 사람들은 아마도 '확실하게 대박 나는 주식이 있다'고 생각하는 모양이다. 어떤 정치가의 자금을 굴리는 계좌가 있고 그 계좌에는 대박 나는 주식이 편입되어 있다는 식이다. 나는 증권사에서 40년 가까이 일했지만 실제로 그런 계좌는 본 적도 들은 적도 없다. 물론 절대 없다고 단언할 수는 없다. 과거에는 리크루트 사건[2]처럼 주가 상승이 확실시되는 기업의 미공개 주식을 정관계 인사들에게 제공한 사례가 있었으므로 그렇게 의심하는 사람이 상당할 것이다.

하지만 설령 그렇다 해도 '백 퍼센트 확실하게 수익이 난다'는 보장은 없다. 신규공개주도 IPO를 한 뒤 하락하는 경우는 얼마든지 있다. 주식 시장에서 백 퍼센트 확실한 일은 절대 없으며 만약 있다면 부정행위일 것이다. 내부거래나 주가조작이 이에 해당하는데, 이것은 명백히 범죄다.

'고객님에게만 말씀드린다'며 주식을 권하는 영업 사원은 요즘 같은 때 없겠지만 만약 정말 그렇게 특별한 이야기라면 그것은 내부정보일 것이고 그 정보를 이용해 매매하는 것은 법에 저촉된다. 따라서 어떤 사람이 '여기서만 하는 이야기', '아무도 모르는 정보를 특별히'와 같은 말을 한다면 그 사람을 상대하지 않는 것이 현명하다.

---

2 1988~1989년 일본 열도를 뒤흔들었던 '리크루트 사건'은 전후(戰後) 일본의 최대 부정부패로 꼽힌다. 당시 급성장하던 취업정보 전문기업 리크루트의 창업자인 에조에 히로마사 회장은 일본 재계의 정상에 서겠다는 목적을 갖고 다케시타 노보루 당시 총리와 나카소네 야스히로 전 총리 등 거물급 인사 76명에게 주가 상승이 확실시되는 부동산 회사 '리크루트 코스모스' 미공개 주식을 뿌렸다.

미래를 알 수 없는 불안과 함께 하는 것이 투자

조금만 더 생각하면 '손해를 입었다'는 생각이나 '대박 나는 주식을 알려달라'는 말은 거의 의미 없는 일인 줄 알 텐데도 왜 사람들은 그렇게 생각할까.

이는 주식 시장의 성질과 인간의 심리를 고려하면 지극히 당연한 일이다.

인간은 누구나 미래를 알 수 없는 것, 결과가 어떻게 될지 모르는 불확실한 것에 불안을 느낀다. 주식 시장은 그야말로 미래를 알 수도 없고 결과가 불확실한 것이다. 심지어 주식은 사자마자 주가가 오르내려서 그 결과가 곧바로 드러난다. 그러다 보니 감정의 진폭이 더 커지기 마련이다.

인간은 누구나 이렇게 앞날을 내다볼 수 없는 일에 관해 무엇인가에 의지하고 싶어 한다. 그 증거로 점쟁이는 시대를 막론하고 항상 인기 있는 존재였다. 이런 마음들이 모여서 강화되면 신앙이라는 형태의 종교로 승화된다. 투자의 세계에서도 강력한 영향력을 가진 평론가나 애널리스트는 엄청난 인기를 끈다. 자신이 확신하지 못하는 것에 대해 명확한 지침을 내려주거나 전망을 이야기해주기 때문이다.

그러나 미래를 알 수 없는 것(=불확실성)은 투자할 때 당연히 발생하는 리스크이므로 투자를 한다면 본인이 리스크를 지고 가야 한다.

이것은 비단 투자에만 국한되지 않는다.

인생에서 드물게 어떤 결단을 내릴 때는 항상 불확실성을 수반한다. 진학, 취직, 결혼과 같은 일도 앞으로 어떻게 될지 아무도 보장해주지 않는다. 즉 인간은 누구나 스스로 리스크와 함께 살아가야 하는 존재다.

스스로 판단하고 결정하는 것이 불안하다는 이유로 취직이나 결혼을 남에게 일임하는 사람이 있을까?

그렇게 했는데 만일 결과가 좋지 않다면 결정해준 사람의 책임으로 돌릴 수 있을까?

사람들은 어떤 일을 결정할 때 다른 사람의 의견을 참고하기는 해도 최종결정은 결국 스스로 한다. 그런데 투자할 때만큼은 이상하게도 남에게 의지하려는 사람이 많다. 아마 투자에서 잘못된 결정은 곧 금전적 손실로 이어지므로 불안 심리가 더 강하게 작용하기 때문일 것이다. 그렇지만 그 리스크와 함께 해야 하는 것이 투자다. 그게 안 된다면 투자를 안 하는 게 낫다.

투자를 한다면 적어도 자신이 직접 리스크와 마주할 각오를 해야 할 것이다.

5 돈에 집착하는 사람일수록 투자에 실패한다

'손해 보고 싶지 않은 마음이 강한 사람'의 크나큰 약점

나는 오랫동안 증권사 영업점에서 투자 상담 업무를 하면서 수많은 개인투자자를 보아왔다. 개인투자자도 각양각색의 투자 스타일을 갖고 있다. 생각처럼 성과가 나지 않아 여러 번 투자에 실패하는 사람도 있고 평범한 월급쟁이지만 장기투자로 큰 재산을 일군 사람도 있다.

투자 성과라는 것은 단기적으로는 운에 좌우되는 면도 있지만 장기적으로 보면 역시 투자방식과 그 사람의 성격이 성공 여부에 영향을 미친다는 것을 알 수 있다.

그중 하나가 '돈에 집착하는' 성격이다. 지금까지 수만 명의 개인투자자를 본 경험을 토대로 말하자면 돈에 집착하는 사람일수록 투자로 돈을 벌지 못한다. 의외라고 생각할 수도 있겠지만 내가 경험한 바로는 틀림없는 사실이다.

돈에 집착하는 사람은 '돈을 얻는 기쁨보다 잃는 슬픔이 더 큰' 사람이다. 즉 돈을 벌지 못해도 좋으니 손해는 절대 보고 싶지 않다는 마음이 강한 사람이다. 그런데 사실 이런 마음은 누구나 갖고 있다.

행동경제학 이론에 전망이론(Prospect Theory)이 있는데, 이 이론을 한마디로 설명하자면 인간은 본질적으로 '손실회피적'이라는 것이다.

10만 엔을 버는 기쁨과 10만 엔을 잃는 슬픔을 비교하는 실험에 따르면 잃는 슬픔이 얻는 기쁨의 2.5배 정도 크다는 결과가 나왔다.

이것은 어떤 의미로 신기한 현상이다. 돈을 벌고 잃고는 정반대 감정이긴 하지만 방향성은 달라도 같은 금액이므로 이익의 기쁨과 손실의 슬픔의 정도가 같아야 하지 않을까? 그런데 실제로는 슬픔이 2.5배나 크다. 사람은 누구나 본질적으로 손실을 회피하려는 경향이 강하므로 '돈을 벌지 못해도 좋으니 잃고 싶지 않다'고 생각하는 것이다.

그런 마음이 들면 어떻게 행동하는가 하면 리스크를 감수하지 못하게 된다. 손해를 볼까 두려워서 리스크를 가져가지 못하는 것이다. 그런데 리스크를 감수하지 않으면 리턴(수익)도 얻지 못한다. 이것은 영원한 진실이다.

따라서 돈에 집착하는 사람은 돈을 잃을까 두려워하기 때문에 위험을 감수해야 하는 상황에서 그렇게 하지 못하고, 그 결과 이익을 얻지 못한다. 아주 쉽게 말했지만, 이것이 돈에 집착하는 사람이 돈을 불리지 못하는 이유다.

2020년 3월에 주식을 판 사람은 위험하다

그럼 실제로 주식투자에서 돈에 집착하는 사람이 왜 수익을 내지 못하는지 행동 유형별로 살펴보자.

주식투자에서 백전백승이란 있을 수 없다. 이익이 날 때도 있지만 손해를 볼 때도 있다. 그렇지만 손해를 봤을 때 어떻게 생각하는지가 중요하다. 내가 투자를 하기 위해 매수한 주식이 폭락했다고 치자.

이렇게 투자에 실패한다면 어떤 생각을 하게 될까?

① 이번엔 실패했네. 다음엔 이 점을 조심하자.
② 손해는 봤지만 어쩔 수 없어. 다시 일해서 벌면 돼.
③ 손해를 봤군! 더 이상 손해 보기 싫으니 이제 투자하지 말아야겠어.

③에 해당하는 사람은 투자에 별로 적합하지 않은 유형이다. 아마도 돈에 강하게 집착하는 사람일 것이다. 투자는 잘될 수도 있고 안 될 수도 있다. 그러니 투자가 잘 안 되었을 때 '이번에는 잘 안 되었네. 하지만 어쩔 수 없는 일이니까 실패의 원인을 반성하고 다음에는 똑같은 잘못을 하지 말자'라거나 '돈을 잃었지만 다시 일하면 된다'고 생각하는 사람은 장기적으로는 성공하는 경우가 많다. 내가 보아온 개인투자자도 성공한 사람은 모두 ①이

나 ②에 해당하는 사람이었다.

가까운 과거를 돌아보자면 코로나로 인해 2020년 3월, 크게 주가가 하락했다. 그때 당연히 자신이 보유한 주식의 주가가 떨어져 손실이 발생했겠지만 '이건 큰 기회'라고 보고 투자를 계속한 사람은 그 뒤 주가가 회복되어 큰 이익을 냈다. 아무것도 하지 않은 사람은 결과적으로는 원래 가격 이상으로 주가가 회복된 경우가 많으므로 손해는 보지 않았겠지만, 주가 하락 시 투자한 사람에 비하면 큰 이익을 내진 못했다. 가장 나쁜 것은 주가가 떨어졌을 때 황급히 주식을 팔아버린 사람들이다. 손실을 확정해서 금전적으로 손해를 봤을 뿐 아니라 그 후 주가가 회복하는 과정에서 전혀 이익을 낼 수 없었기 때문이다.

하지만 이렇게 말하면 '그건 결과론이다. 3월에 폭락했을 때는 더 하락할 가능성도 있었고, 그때 과감하게 주식을 매수한 사람은 얻어걸린 것'이라고 반론하는 사람도 있다. 물론 주가가 상승한 것은 운이 좋았기 때문일 수도 있다. 다만 폭락했을 때 투자한 사람은 자신이 온전히 리스크를 감수했기에 승부를 걸 수 있었다. 즉 그 당시 '매수한 뒤 더 떨어질 수도 있다'는 리스크를 각오하고 용기를 내어 샀기 때문에 돈을 벌 수 있었다.

다시 한번 말하지만, 리스크를 감수하지 않으면 수익을 얻을 수 없다. 돈에 집착하는 사람은 그 돈을 잃는 것에 대한 두려움에 압도되어 리스크를 감내하지 못하므로 아무리 시간이 지나도 수익을 내지 못한다.

확정 거출 연금의 손익이 마이너스인 것의 의미

돈에 강하게 집착하는 사람이 투자에서 좀처럼 성공하지 못하는 이유가 하나 더 있다. 그것은 앞서 말한 코로나바이러스 팬데믹으로 주가가 폭락했을 때 주식을 팔아치운 심리와 일맥상통한다. 주가가 하락하여 손실이 커지는 사태에서 도망치기 위해 한 일이지만 결과적으로 최악의 시점에 주식을 포기한 셈이다.

투자에서 절대 해서는 안 되는 일은 주가가 폭락했을 때 매도하는 것이다. 폭락한 시점에서 손실을 확정하면 그 뒤 시장이 회복해도 내 주식의 주가는 회복하지 못한다. 물론 개별 기업에 투자했는데, 그 기업이 파산했다면 아무리 큰 손실을 봐도 주식을 파는 것이 좋다. 하지만 개별주에 투자한다면 최소한 그 기업의 재무 내용 정도는 조사하는 것이 상식이므로 어느 날 갑자기 그렇게 심각한 상황에 빠지는 일은 좀처럼 일어나지 않는다.

만약 시장 전체에 투자하는 인덱스 투자를 한다면 전혀 당황하지 않아도 된다. 주식 시장은 영원히 상승하지도 않지만 영원히 하락하지도 않기 때문이다. 리먼브라더스 사태가 터졌을 때도 2~3년간 주식 시장이 좋지 않았지만, 그 뒤에는 주가가 회복되어 예전보다 높은 수준으로 상승했다. 그런데 돈에 집착하면 주가 폭락으로 인해 자신의 자산이 쪼그라드는 모양새를 도저히 지켜볼 수가 없는 것이다.

이런 일은 목돈으로 투자하는 사람에게만 일어나진 않는다.

적립식 투자를 하는 사람에게도 일어날 수 있다. 대표적인 적립식 투자는 '확정 거출 연금'[3]일 것이다. 기업연금연합회는 2020년 2월, 〈확정 거출 연금 실태 조사 결과(개요)〉를 발표했다.※ 이 보고서에 따르면 확정 거출 연금 가입자 중 누계 손익이 마이너스인 가입자가 1.2%에 이른다.

확정 거출 연금이 설정된 것은 2001년 10월이므로, 이제 20년 가까이 되었으며 시작 당시 닛케이평균주가는 1만 엔 정도였다. 그러니 지금은 거의 3개가 오른 셈이다. 미국의 다우지수도 당시 9,000달러 정도였으므로 이것도 3배 이상 상승했다. 따라서 당시 적립을 시작한 사람은 적어도 플러스여야 한다. 그런데 여전히 마이너스인 사람이 있다니 어떻게 된 일일까?

답은 간단하다. 일본과 미국은 지난 20년간 상당히 주가가 올랐지만 일관되게 우상향한 것은 아니다. 중간중간 큰 폭으로 하락하기도 했으며, 2008년 리먼브라더스 사태가 발생했을 때는 특히 그랬다.

무엇보다 당시 주가는 40% 정도 빠졌다.

그때 당황해서 갖고 있던 펀드 상품을 매도했거나 그 돈을 정기예금으로 넣어서 지금까지 보유한 사람은 여전히 마이너스다.

---

3 확정 거출 연금은 납부금과 그 운용수익의 합계액을 기준으로 미래의 급부액을 결정하는 연금제도다. 납부금을 사업주가 내는 기업형 연금과 가입자가 직접 내는 개인형 연금(iDeCo)이 있다.

이것은 생각해 보면 당연한 일이다. 주가가 떨어졌을 때 팔았으니 손실이 확정되었고 이자가 거의 붙지 않은 정기예금에 넣어두면 자산이 불어날 리가 없다. 결과적으로 손실을 확정한 채 지금까지 왔다는 말이다.

  결국 장기적으로 자산형성을 하려면 일종의 '둔함'이 필요하지 않을까? 물론 돈에 집착하는 사람이 손해를 두려워한 나머지 아예 투자를 시작하지 않는다면 그것도 한 방법이다. 다만 그런 사람이 투자를 하면 결국 손해 볼 가능성이 크다는 점을 알아두어야 한다.

※〈확정 거출 연금 실태 조사결과(개요)〉 (2020년 2월 8일 기업연금연합회)
https://www.pfa.or.jp/activity/tokei/files/dc_chosa_kessan2018_1.pdf

column.1

10만 엔 손해 보면 잠을 못 자는 사람은
투자하면 안 된다고?

흔히 리스크 허용도는 젊었을 때가 더 크고 나이가 들면 작아진다고 한다. 이 때문에 주식에 투자하는 비율은 '100-(마이너스)나이'가 적당하다는 말도 있다. 하지만 이 이야기가 항상 옳지는 않다. 나이는 어디까지나 리스크 허용도를 결정하는 한 요소에 불과하기 때문이다. 리스크 허용도를 결정하는 큰 요소는 '보유자산액'과 '리스크 내성'이다. 말할 것도 없이 보유자산액이 많은 사람이 리스크 허용도가 높다. 그뿐만이 아니다. 리스크 내성은 그보다 더 중요하다. 리스크 내성이란 '가격 변동에 심리적으로 어느 정도 견딜 수 있는가' 하는 것이다.

증권 회사에서 일하던 무렵, 내 고객 중 여성 기업경영자가 있었다. 그분은 국채에 비중을 싣고 10억 엔 정도의 채권 운용을 맡겼다. 어느 날 최근에 땅을 팔아서 새로 5억 엔 정도가 생겼다며 또 국채를 사러 온 적이 있었다. 나는 그때 국채도 좋지만 주식을 좀 매수하는 게 어떻겠냐고 권했다.

"오에 씨, 저는요, 주식으로 손해를 보는 걸 견딜 수가 없어요. 그래서 주식투자는 안 합니다."

"사장님, 말씀은 그렇게 하셔도 사업을 하다 보면 손해를 보시는 일도 있지 않나요?"

그러자 이런 대답이 돌아왔다.

"그건 어쩔 수 없죠. 제 예측이 틀렸다는 거니까요. 하지만 저는 주식투자는 아무것도 몰라요. 그래서 비록 10만 엔이라도 손해를 보면 잠을 이루지 못해요."

모르는 것에 투자하고 싶지 않다는 이 생각은 옳다. 또 이분처럼 리스크 내성이 작은 사람은 아무리 보유자산액이 많아도 주식투자를 하면 안 된다. 자기 사업을 하는 사람은 다양한 경험(고생)을 통해 리스크를 대하는 방법을 확립한다. 당시 샐러리맨이었던 내게는 새로운 깨달음이었다.

제**2**장

투자 상식에
숨은 함정

1 │ 장기투자를 해도 리스크가 적어지지 않는다고?

리스크의 뜻이 뭘까?

세상에는 '장기투자 원리주의자'라고 할 수 있는 사람들이 있다. 그들은 투자할 때 가장 좋은 방법은 장기투자이며, 그것만 하면 장기적으로 절대 손해 보지 않는다고 믿는다. 장기투자가 어느 정도 효과가 있는 운용 방식인 것은 맞지만 그렇다고 만병통치약은 아니다.

장기투자를 하면 리스크가 적어진다고 하는데 꼭 그런 것만은 아니다. 리스크의 의미를 잘못 이해하는 사람 중 상당수는 그 점을 깊이 생각하지 않는 듯하다.

그렇다면 '장기투자를 하면 리스크가 줄어든다'는 경우의 '리스크'는 어떤 의미일까?

"리스크는 '손해를 본다'는 뜻이 아니라 '투자한 결과가 변동하는 것'을 말합니다. 헷갈리면 안 돼요."

초심자를 대상으로 한 주식 강연에 가면 강사는 리스크를 이렇게 설명한다. 맞는 말이지만 듣는 사람은 이게 무슨 말인가 싶을 것이다. 일반적으로 리스크는 위험(risk), 즉 손해를 보는 것이라고 해석하기 때문이다.

자산운용 이론을 보면 '리스크'는 불확실성, 즉 투자한 결과가 불확실한 것을 의미한다고 나온다. 그리고 그게 맞는 말이다. 하지만 세상 사람들은 리스크를 '손해'라고 해석한다. 사실 자산운용 이론 분야 외에는 일반적으로 리스크가 '위험성'을 뜻하기 때문이다.

사실 리스크라는 용어의 뜻을 어떻게 이해하느냐에 따라 투자에 대한 마음가짐과 생각이 확연히 달라진다.

장기투자를 하면 수익의 변동성이 축소된다

'리스크=수익의 변동성'이라고 정의한다면 '장기투자가 리스크를 축소한다'는 말은 어느 정도 타당성을 지닌다. 이 경우의 '리스크가 축소된다'는 것은 단위 기간당 표준편차는 측정 기간을 길게 잡을수록 평균치에 근접한다는 뜻이다. 조금 어려우니까 알기 쉽게 기온을 예로 들어보자.

여름이 무더운 해도 있고 비교적 서늘한 해도 있다. 겨울도 혹독하게 추운 해가 있는가 하면 비교적 따뜻한 해가 있다. 이렇게 여름과 겨울의 온도는 해마다 차이가 난다. 이러한 기온 변화의 폭은 예측하기가 어렵고 기온 차가 큰 해와 작은 해가 발생한다. 주가를 온도에 비유하면 온도 차가 큰 해는 리스크가 크고 온도 차가 작은 해는 리스크가 작다고 할 수 있다.

그런데 이 변화를 50년이나 100년 정도로 늘려서 보면 변동폭이 점점 평균치에 가까워진다. 요컨대 '장기투자가 리스크를 축소한다'는 것은 '오래 투자를 하면 그 변동폭이 평균에 수렴한다'는 지극히 당연한 말을 다르게 표현한 것이다.

장기투자는 오히려 손해를 볼 가능성이 커진다

그런데 '리스크=손해를 보는 것'으로 한정해서 해석할 경우, 장기투자가 리스크를 축소한다는 말은 완전히 틀린 말이다. 장기투자를 하면 오히려 손해를 볼 가능성이 커진다. 이것은 누가 생각해도 알 수 있다.

리스크의 크기는 '투자금액×투자기간'에 비례한다. 즉 큰 금액을 투입하면 수익이 날 때는 많이 벌지만 반대로 손해를 볼 때도 손실이 커지며, 투자하는 기간이 길어질수록 주가가 몇 배로 뛸 가능성이 큰 한편으로 리먼브라더스 사태나 버블 붕괴와 같은 대폭락에 처할 가능성도 커지기 때문이다.

거의 일어나지 않지만 만약 일어나면 상당히 파괴적인 손실을 입힐 수 있는 현상을 꼬리위험(Tail risk)이라고 하는데, 오랜 기간 투자할수록 꼬리위험에 직면할 확률이 커진다. 시장전체는 폭락하지 않아도 자신이 개별적으로 투자한 종목이 파산할 가능성도 있다. 그러므로 내가 가정하지 않은 일이 일어날 확률이 커진다고 생각하는 게 자연스럽다.

장기투자가 될수록 불확실성이 높아지고 손실이 날 가능성도 당연히 커진다. 반대로 말하자면 수익을 낼 가능성도 크다. 실제로 장기간 성장하는 기업에 투자하면 기업 가치가 상승해 주가가 크게 오를 수도 있기 때문이다. 다만 '손해를 본다'는 점에만 초점을 맞추어 말하자면 장기보유할수록 수익을 낼 확률과 비슷하게 손해를 볼 확률도 커진다고 할 수 있다. 특히 보통 사람은 앞서 말했듯이 주가가 폭락하면 매도하고 싶어지는 경향이 있으므로 더욱 그렇다.

어느새 손상이 커지는 '저온 화상'

그런데 세상의 평론가나 FP, 금융업 종사자들의 강연을 들어보면 그들은 '리스크는 손해를 본다는 뜻이 아니라 변동성의 폭을 말한다'고 설명한다. 또 '장기투자를 하면 그 리스크가 축소된다'고 강조한다. 물론 리스크를 변동성이라고 생각하면 그 말은 틀리지 않았다. 하지만 사람들은 그렇게 생각하지 않는다. 일반적으로 '리스크가 작아진다=손해를 볼 가능성이 작아진다'고 이해하기 때문에 '장기투자하면 손해를 볼 가능성이 작아진다!'라고 착각하고 만다.

인간은 어려운 내용을 이해해야 할 때, 임의로 해석하거나 자신이 알기 쉬운 개념으로 치환하는 경향이 있다. '리스크=결과의 불확실성'은 다소 난해한 개념이므로 쉽게 이해하기 위해서 이런 식으로 치환해 생각하는 것이다.

장기투자에 관해 또 하나 주의해야 할 점이 있다. 그것은 기대수익이다. 기대수익은 '투자를 함으로써 미래에 얻을 수 있는 평균수익'을 말한다. 말할 것도 없이 이 기대수익이 플러스인지 마이너스인지는 장기투자의 경우 아주 크게 영향을 미친다. 거품경제가 붕괴된 후의 도쿄시장처럼 장기 침체가 이어질 경우, 즉 기대수익이 마이너스인 시장이면 장기보유할수록 손실이 커진다. 말하자면 전기장판을 켠 채 잠이 들었을 때 입을 수 있는 저온화상과 비슷하다. 뜨거운 줄 모르고 지내다가 정신을 차렸을 때는 이미 크게 화상을 입은 상태다.

장기 보유하면 수익이 나는 것은 시장의 기대수익이 플러스이고 내가 투자한 대상의 이익이 지속적으로 성장하는 경우의 이야기다. 장기투자를 하면 무조건 좋다는 뜻이 아니다.

분산투자와 병행해야 효과적이다

하지만 나는 장기투자가 나쁘다고 생각하지 않는다. 운용 결과의 불확실성인 리스크를 통제하는 데 어느 정도 효과가 있기 때문이다. 다만 기대수익이 마이너스인 시장에서 장기간 투자하면 손실이 점점 커지며 폭락을 겪을 가능성도 크다.

또 기대수익이 플러스인 시장에서 운용해야 한다고 했지만, 기대수익이라는 것은 어디까지나 미래의 예측이지 최종적으로 플러스가 될지는 아무도 알 수 없다.

그러므로 다른 시장으로 분산투자를 하는 것이 중요하다. 장기투자에 의한 리스크 축소는 분산투자를 함께 해야 비로소 효과가 나기 때문이다.

물론 리먼브라더스 사태가 터졌을 때처럼 전 세계 주식 시장이 동반 하락하기도 한다. 다만 시장은 이런 대폭락이 일어난 뒤 그보다 더 성장하거나, 어느 한 시장이 지속적으로 부진해도 다른 시장은 같은 움직임을 보이지 않는 경우도 많다. 현재 1990년 이후 일본 주식 시장이 장기 침체에 빠졌던 동안에도 미국 시장은 기본적으로 우상향 추세를 이어갔다. 중국 주식 시장을 보면 그 경향이 더욱 두드러지므로 폭넓게 분산투자를 하면 아무래도 일정한 효과가 있다고 할 수 있다.

아무튼 장기투자에 대한 맹신은 금물이다. 리스크라는 용어의 의미를 제대로 이해하고 장기투자의 효과에 관해서도 정확하게 인식한 뒤 활용하는 것이 중요하다.

2 하이리스크는 결코 하이리턴이 아니다

투자업계에는 '하이리스크 하이리턴(High risk high return)'이라는 말이 종종 등장한다. 그런데 이 말뜻을 오해하는 사람이 많은 듯하다. 금융기관조차 이 말을 잘못된 뜻으로 사용한다.

나도 예전에는 때때로 은행과 증권사를 방문해 금융상품에 관해 어떤 설명을 하는지 들어보기도 했는데, 잘못된 설명을 하는 경우가 상당히 많았다.

그러나 리스크와 리턴의 관계는 투자할 때 기본적으로 알아둬야 하는 일이다. 그 원칙을 잘못 이해한 상태에서 투자하면 크게 손실을 낼 수 있다. 여기서는 리스크와 리턴(수익)의 관계를 정확하게 살펴보자.

'리스크가 크면 리턴도 크다'는 잘못이다

가장 잘못된 점은 이 말의 뜻을 '리스크가 크면 리턴도 크다'고 이해하는 것이다. 이것은 '하이리스크 하이리턴'이라는 말을 그대로 해석해서 나오는 오해인 듯하다. 내가 상품 설명을 들으러 간 은행이나 증권사가 주최하는 강연에서도 이런 식으로 설명하는 경우가 많았다. 하지만 이것은 명백한 잘못이다. 하이리스크는 결코 하이리턴이 아니다.

이것은 잘 생각해 보면 알 수 있다. 앞서 말했듯이 투자를 할 때 리스크는 결과의 불확실성을 뜻한다. 즉 투자한 결과가 수익이 날지 손실이 날지의 간극(변동폭)을 말한다. 따라서 '리스크가 크다'는 것은 변동폭이 크다, 즉 돈을 벌 경우와 잃을 경우의 간극이 크다는 뜻이다. '수익이 날지 손실이 날지 모르며, 그 차이가 매우 크다'는 뜻이므로 당연히 수익이 크다(=돈을 많이 번다)고 단정할 수 없다.

그런데도 '리스크가 크면 리턴도 크다'고 말하는데, 이것은 '수익이 날지 손실이 날지 모르며 변동폭이 큰 것은 수익이 난다'는 뭐가 뭔지 알 수 없는 해석이다. 즉 리스크가 크면 리턴도 크다는 말은 논리적으로 전혀 맞지 않다.

하지만 사람들은 금융기관의 잘못된 설명을 듣고 '리스크를 크게 감수하면 수익도 크게 난다'고 오해한다. 예를 들어 "리스크가 큰 것은 리턴도 큽니다. 그러니까 수익을 많이 내고 싶다면 좀 더 적극적으로 리스크를 감수하시죠!"라고 영업 사원이 이런저런 상품을 권하는 일이 있다. 그 말을 듣고 넘어가서 곤욕을 치른 투자자도 있을 것이다. 이것은 리스크와 리턴의 개념을 정확하게 이해하지 못했기 때문이다.

그러면 '하이리스크 하이리턴'의 올바른 뜻은 뭘까. 이것은 '높은 수익을 구하면 반드시 리스크가 커진다'는 뜻이다.

앞에서의 해석과 비슷한 표현으로 들리겠지만 잘 생각하면 전혀 다른 의미다. '돈을 많이 벌려고 한다면 돈을 많이 잃을 것도 각오해야 한다'고 풀어쓸 수 있는 지극히 당연한 말이다. 리스크 가 크다는 것은 수익을 크게 낼 가능성이 있지만 그만큼 손실이 크게 날 수도 있다는 뜻이므로 논리적으로 이 표현이 올바르다.

왜 차이가 발생할까?

그렇다면 왜 그런 식으로 잘못 이해하는 것일까? 도표 1을 보자. 이 도표에는 유명한 투자이론인 '자본시장선(Capital Market Lice)'이 표시되어 있는데, 세로축은 수익, 가로축은 리스크다. 그런데 이것은 단순히 리스크와 리턴은 양(+)의 상관관계가 있음을 나타낼 뿐이지 리스크를 크게 감수하면 반드시 리턴이 커진다는 것을 의미하지 않는다. 그런데도 리스크와 리턴의 개념을 설명할 때 이 도표를 띄우고 오른쪽 위로 갈수록 하이리스크 하이리턴이라고 설명하는 곳이 많다.

또한 도표 2를 보면 이 선을 따라 다양한 종류와 펀드 상품이 얹혀있다. 그래서 주로 금융기관이 주최하는 설명회에 쓰이며 '이 상품은 리스크와 리턴이라는 관점에서 볼 때 어디에 위치하는지' 나타낸다.

물론 이 도표를 보면 우상향인 선이 그려져 있으므로 오른쪽으로 갈수록, 즉 리스크를 크게 잡을수록 수익이 커진다고 착각

리스크를 크게 감수해도 리턴이 커지진 않는다?

도표 1

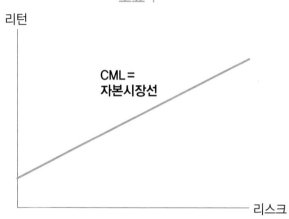

리턴

CML =
자본시장선

리스크

도표 2

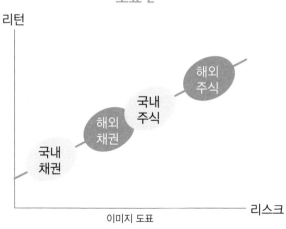

리턴

해외
주식

국내
주식

해외
채권

국내
채권

리스크

이미지 도표

할 수도 있다.

그런데 원래는 이 도표의 윗부분과 같은 도식이 아래쪽에도 전개되어야 한다. 본래 이 도표의 가로축에서 나타내는 것은 리스크가 아닌 자신이 희망하는 수익(리턴) 수준이다. 따라서 오른쪽으로 갈수록 높은 수익을 구하는 것이 되므로 리스크(수익의 변동폭)가 커진다. 그렇다면 윗부분, 다시 말해 수익이 나는 경우와 동일한 만큼 아랫부분에 손해를 볼 가능성을 도시해야 한다.

하지만 이점을 건너뛴 도표의 설명을 듣고 사람들은 착각에 빠진다. 금융기관도 악의를 갖고 일부러 잘못된 설명을 하는 건 아닐 것이다. 충분히 공부하지 않아서 잘 모르는 것이다.

그런데 공교롭게도 일반적으로 하이리스크 하이리턴 상품일수록 신탁보수가 높은 경향이 있다. 판매자로서는 당연히 수익이 좋은 상품을 권유하고 싶다. 따라서 '여유가 있는 자금이라면 높은 수익을 얻을 수 있도록 리스크가 좀 높은 상품'을 권한다.

그러면 리스크와 리턴의 이미지를 최대한 정확하게 그려보자. 이것이 도표 3이다. 이것은 세로축이 손익(리턴)이고 가로축은 자신이 기대하는 리턴(기대수익)이다. 세로축의 가운데 지점이 0, 즉 손익이 발생하지 않는 위치다.

가로축은 기대수익, 다시 말해 내가 얻고 싶은 이익을 표시하므로 오른쪽으로 갈수록 내가 돈을 벌고 싶은 금액이 커진다. 그만큼 수익이 날 경우와 손실이 날 경우의 차이도 커진다. 결과적

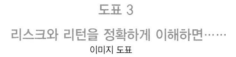

도표 3

리스크와 리턴을 정확하게 이해하면……

이미지 도표

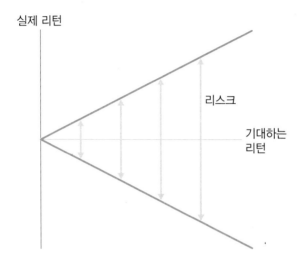

으로 오른쪽으로 갈수록 결과가 크게 벌어진다, 즉 나팔 모양이다. 그리고 그 위와 아래의 벌어진 정도가 리스크의 크기다.

금융기관이 설명할 때 보여주는 도표 2로는 이 도표의 반쪽만 보여준 것이어서 가장 아래가 0으로 보이기 때문에 설명을 듣는 사람들은 착각하기 쉽다. 하지만 가장 나쁜 결과는 0, 즉 수익도 손해도 나지 않는 상태가 아니라 손실이 크게 발생할 때다. 따라서 위와 아래에 동일한 변동성이 있게끔 표시해야 한다. 즉 위로 갈수록 수익이 커지고 아래로 갈수록 손실이 커지는 도표를 예시로 들지 않은 것은 잘못된 정보 제공이다.

로리스크 로리턴의 진짜 의미

그렇다면 반대로 '로리스크 로리턴(Low-risk, low-return, 저위험 저수익)'[1]은 어떻게 표현하면 될까. 이것도 '리턴이 적으면 리스크도 적다'고 이해하는 경우가 많은데 정확히 말하자면 '리스크가 적은 것은 기대수익이 적을 수밖에 없다'고 해석해야 한다. 리스크가 적다는 것은 변동성이 적다는 뜻이므로 손해를 적게 보는 대신 당연히 수익도 적다.

리스크와 리턴은 트레이드오프(Trade-off) 관계다. 트레이드오프란 양쪽이 모두 성립되지 않는, 즉 어느 한쪽을 얻으면 다른쪽을 잃는 관계다. 크게 벌고 싶으면 크게 잃을 가능성을 각오해야 하고 잃는 게 싫다면 그만큼 큰 이익을 기대할 수 없다. 이것은 당연한 투자 원칙이며, 이 원리원칙을 제대로 이해하지 못하면 투자에 성공할 수 없다.

투자를 시작할 때는 자신이 감내할 수 있는 리스크의 규모를 파악하는 것이 가장 중요하다. 그런 다음 자신이 취할 수 있는 범위에서 최대한 높은 리턴(수익)을 노려야 한다. 위험을 무릅쓰고 수익만 좇는 것은 투기이지 투자라고 할 수 없다.

---

1 이윤은 적지만 위험성도 적은 사업에 투자하는 것을 뜻하며 일본식 조어이다. 영어로는 'low-yield, low-risk'라고 표현한다.

3 분산투자는 올바른 방식이 아니면 무의미하다

'제1지망뿐 아니라 여러 곳에 원서를 쓰는' 행위의 효과

본 장의 제1절에서 장기투자는 분산투자도 병행해야 비로소 효과가 있다고 했다. 하지만 이때도 올바른 이해에 기초한 분산투자를 해야 한다. 무작정 투자처를 분산한다고 성공하는 것이 아니다.

사람들은 아마 분산투자의 효과를 직감적으로 알고 있을 것이다. 일상생활에서도 잘 안 되었을 때를 위해 다른 방법을 생각해두거나 대학 입시에 1지망뿐 아니라 여러 학교에 원서를 써내는 등 다양한 선택사항을 마련한다. 이것은 만에 하나 무슨 일이 터져도 최악의 사태가 되지 않도록 막거나 손실을 최소화하기 위해서이다. 이른바 리스크 헤지(Risk hedge, 리스크를 피하기 위한 수단)가 목적이다.

재산관리를 할 때도 '재산 3분법'이라는 원칙을 종종 듣는데 다양한 방식이 있지만 가장 일반적으로 현금자산·유가증권(주식)·부동산을 말한다. 유동성, 안전성, 수익성의 균형을 생각해

재산을 3종류로 배분해야 한다는 생각이다. 이 자체는 재산관리 방법으로써 적합하다.

다만 투자에서 말하는 분산투자는 앞의 방식과는 좀 의미가 다르다. 막연히 재산을 지키기 위해 여러 자산을 나누어두는 것이 아니라 '여러 종목(자산)을 조합해 보유함으로써 한 가지만 보유하는 것보다 리스크를 낮추는' 효과를 노린다. 이 경우 '리스크'는 말할 것도 없이 손실을 내거나 위험이라는 의미가 아니라, 운용 결과의 변동성을 말하며 리스크를 낮춘다는 것은 그 변동성을 축소한다는 것이다.

현대 포트폴리오 이론이란

미국의 경제학자로 노벨경제학상을 받은 해리 마코위츠(Harry Markowitz)는 1952년 발표한 논문을 바탕으로 '현대 포트폴리오 이론(Modern Portfolio Theory: MPT)'을 창시했다. 현대사회에서 자산운용 분야에 관한 내용은 모두 이 이론에 기초한다고 해도 무방하다. 포트폴리오는 이탈리아어 'portafoglio'에서 유래하는 말로, '구직에 제출하는 사진이나 그림', '서류 가방'이라는 의미인데 자산운용 분야에서는 '여러 종류의 자산을 조합해 운용하는 내용'을 뜻한다.

하나의 케이스 안에 다른 별도의 서류를 넣는 것을 가리키는 본래의 의미에서 발전한 개념이다. 현대 포트폴리오 이론의 뼈대는 여러 개의 자산을 조합하여(포트폴리오) 가격 변동 리스크(가격변동의 변동폭)를 통제하는 것이다. 이 이론에는 중요한 키워드가 등장한다. 바로 상관계수다.

상관계수가 중요한 포인트

여기서 하는 이야기는 다소 골치 아플 수 있으니 관심이 없는 사람은 건너뛰어도 된다. 결론인 '상관계수가 음(−. 움직이는 방향이 반대 방향)인 경우에 분산투자가 효과를 발휘한다'는 사실만 기억해도 괜찮다.

상관계수는 2가지 다른 종목 간의 가격 변동의 법칙성을 나타낸 것이다. 예를 들어 A와 B라는 두 종목이 있는데 A가 상승하면 B도 상승하는 식으로 같은 방향으로 움직이는 성질이 있다면 그것을 '양(+)의 상관관계를 가진다'고 한다. 또 A가 상승하면 반대로 B가 하락하는 성질이 있다면 그것은 '음(−)의 상관관계를 가진다'고 표현한다. 분산투자가 효과를 나타내는 것은 '음의 상관관계를 가질' 때다.

구체적으로 실제 숫자를 살펴보자. 도표 4를 보면 A종목이라는 주식이 있다. 이것은 기대수익률이 5%이고 리스크가 10%다. 쉽게 말하자면 평균적으로 상정하는 이익이 연 5%이며 변동폭은 위아래 10%, 즉 가장 좋을 때는 15%이고 가장 나쁠 때는 마이너스 5%라는 전제다. (실제 계산은 상당히 복잡하지만 풀어서

설명하기 위해 여기서는 단순화했다.) 한편 또 B라는 종목은 기
대수익이 10%이고 리스크가 20%다. A와 비교하면 기대수익이 2
배이므로 당연히 리스크도 크다. 여기서는 설명하기 편하도록 리
스크도 2배인 20%로 가정했다.

도표 4
분산투자가 효과를 발휘할 때

	리턴	리스크
A종목	5%	10%
B종목	10%	20%

자, 이제부터가 중요하다. 상관계수는 +1에서 −1 사이에서 움
직인다. 상관계수가 +1이라는 것은 A종목이 10% 상승하면 B종
목도 똑같이 10% 상승한다는 말이다. 반대로 상관계수가 −1은
A가 10% 상승하면 B는 10% 하락한다는 뜻이다. A와 B라는 종
목이 가령 완전히 같은 값만큼 주가가 움직인다고 하자. 즉 상관
계수가 +1인 경우다. 실제로 그런 일은 일어나지 않지만 논리를
이해하기 위해 이렇게 가정하자.

다음으로 A와 B의 조합 비율을 0에서 100%까지 7가지로 생
각해 보자. 즉 포트폴리오 1부터 포트폴리오 7까지의 7가지 유형
이다. 그 경우 각 포트폴리오의 리턴과 리스크가 어떻게 되는지
나타낸 것이 도표 5다.

도표 5
상관계수가 플러스 1인 경우

	A의 비율	상관계수 (+1)	
		리턴	리스크
포트폴리오 1	100%	5.0%	10.0%
포트폴리오 2	90%	5.5%	11.0%
포트폴리오 3	70%	6.5%	13.0%
포트폴리오 4	50%	7.5%	15.0%
포트폴리오 5	30%	8.5%	17.0%
포트폴리오 6	10%	9.5%	19.0%
포트폴리오 7	0%	10.0%	20.0%

이 도표를 보면 알 수 있듯이 A와 B라는 2가지 종목을 조합한 포트폴리오는 조합 비율에 따라 비례해서 움직인다. 구체적으로 말하자면 A만 있는 경우에는 리턴이 5%이고 리스크가 10%인데 조금씩 A의 비율을 낮추고 B를 높이면 리턴은 상승하지만 리스크도 상승한다. 예를 들어 가장 알기 쉬운 것은 50%씩 있는 경우다. 양쪽을 더해서 2로 나누면 되므로 리턴은 (5%+10%)÷2=7.5%이며, 리스크는 (10%+20%)÷2=15%이다. 다른 조합 비율로도 그 비율을 단순히 곱한 수치로 계산할 수 있다.

진한 주스와 진한 주스를 섞으면 더 연해진다

한편 상관계수가 −1인 경우를 생각해 보자. 이것은 A가 오르면

같은 비율로 B가 떨어지는 상황이다. 이 경우도 앞에서와 같이 7
가지 포트폴리오를 만들어 각 리턴과 리스크를 표로 만들면 도
표 6과 같이 된다.

어떤가, 이번에는 약간 느낌이 다를 것이다. 앞의 예와 같이 조
합 비율을 바꿨을 경우, 기대수익은 전혀 다르지 않다. 각 비율
에서 단순히 곱해서 나오는 수치이기 때문이다. 그런데 리스크의
양상이 전혀 다르다.

이것은 비례에서 움직이는 것이 아니라 반비례해서 움직임으
로써 플러스와 마이너스가 상계되기 때문에 단순히 곱하기로는
결과값을 낼 수가 없다.

따라서 리스크가 적어진다는 것은 같은 수익(리턴)이 나오지만
변동폭은 작아지는 즉 운용결과가 안정적이라는 것을 의미한다.
앞의 상관계수가 플러스 1인 경우와 비교하면 적은 비율이어도
조합하여 같은 수익으로 리스크는 적어진다. 이 경우 리스크가
가장 적어지는 것은 A:B 의 비율을 70:30으로 한 포트폴리오 3
으로, 리스크는 1%지만 포트폴리오 전체의 가격 변동은 상당히
작아져 있다.

이것이 분산투자의 효과다.

자산운용 분야에서는 이것을 '진한 주스에 진한 주스를 섞으
면 연해진다'고 표현하기도 한다. 물론 이것은 수치상의 이야기이
므로 실제로는 그대로 되진 않지만, 논리적으로는 타당하다.

도표 6
상관계수가 마이너스 1인 경우

	A의 비율	상관계수 (−1)	
		리턴	리스크
포트폴리오 1	100%	5.0%	10.0%
포트폴리오 2	90%	5.5%	7.0%
포트폴리오 3	70%	6.5%	1.0%
포트폴리오 4	50%	7.5%	5.0%
포트폴리오 5	30%	8.5%	11.0%
포트폴리오 6	10%	9.5%	17.0%
포트폴리오 7	0%	10.0%	20.0%

가격 변동의 성질이 다른 상품에
분산 투자하지 않으면 의미가 없다

이처럼 단순히 여러 자산 카테고리나 종목에 분산하는 것만으로
는 큰 의미가 없다.

상관계수가 마이너스인 것, 즉 가격 변동의 성질이 전혀 다른
자산을 조합하는 것이 중요하다.

자산 카테고리로 말하면, 주식과 채권, 각각 국내와 해외에서
생각하면 기본적인 4개의 카테고리로 구분할 수 있으며, 해외도
신흥국과 선진국, 혹은 국내나 해외의 REIT 등으로 세분화할 수
있다. 이러한 카테고리별 상관계수가 어떻게 되는지는 인터넷으
로 검색하면 볼 수 있다.

더욱이 개별 주식 종목이라면 종목 간 상관계수를 조사하기는 어렵지만 어떤 경제 상황에 따라 도움이 되는 업종과 마이너스가 되는 업종으로 나눠볼 수는 있을 것이다.

쉽게 말해 환율이 엔고가 되면 수출산업에는 마이너스지만 수입산업에는 플러스로 작용한다. 그리고 엔화 가치는 그 반대라는 식이다.

개별 종목의 상관계수는 어려우므로 분산투자를 하려면 아무래도 자산의 카테고리별 분산으로 생각하는 것이 좋을 것이다.

4 | 적립식 투자를 최고의 방법이라고 할 수는 없다

신봉자가 많은 적립식 투자법
실은 '다소 낫다'는 정도?

매월 일정한 금액으로 주식이나 펀드를 매수하는 '적립식 투자'라는 기법이 있다. 투자는 어떻게 보면 종교에 가까운 데가 있어서 각자 자신이 믿는 방식이 가장 옳다고 믿는 경향이 있다. 이 방식의 차이는 나중에 다시 자세히 설명하기로 하고, 여기서는 많은 신봉자를 거느린 적립식 투자에 대해 생각해 보자.

오해가 없도록 말해 두지만 나는 적립식 투자가 나쁘다고는 전혀 생각하지 않는다.

나름대로 장점이 있고 나 자신도 몇 년 동안 적립식 투자를 하고 있다. 하지만 적립식 투자가 항상 최고의 방법인가? 라고 물으면 조금 의문이 생긴다. 덧붙이면 투자는 항상 유연한 사고를 하는 것이 무엇보다 중요하며, 어떤 한 방법이나 생각에 '꽂히면' 종종 실패한다.

이 장의 제1절에서 서술한 장기투자도 그렇지만 적립식 투자도 다른 많은 투자 방법과 비교하면 장점 상당히 많다. 그렇다고 해서 최고의 방법이라고 할 수는 없다. 왜 그런지 살펴보자.

달러 비용 평균법은 우수한 방법인가

주식이나 펀드에 적립식으로 투자할 때는 달러 비용 평균법 (Dollar Cost Averaging)이라는 방식이 사용된다. 최근 화제가 된 개인형 확정 거출 연금 이데코(iDeCo)과 20년간 비과세 혜택을 주는 '적립 니사(NISA)'도 달러 비용 평균법으로 투자한다. 이것은 매월 일정한 금액을 같은 투자대상에 투자하는 방식으로, 일반적으로는 장기적으로 자산형성을 하기에 가장 좋은 방법이라고 알려져 있다.

왜 달러 비용 평균법이 유리한가 하면 '정액 매입'이 이 방법의 가장 큰 특징이기 때문이다. 즉 가격이 비싸든 싸든 상관없이 일정 금액을 정기적으로 매수한다.

이렇게 하면 매수 금액이 일정하므로 가격에 따라 매수 수량이 조정된다. 즉 가격이 비쌀 때는 적게 사고 가격이 떨어지면 많이 사게 된다. 본래는 비쌀 때는 사지 않는 편이 좋지만 언제 비싸고 싼지는 아무도 미리 알 수 없으며 그때를 적확하게 맞히기란 거의 불가능하다. 그래서 정액 매수함으로써 자동적으로 가격 조정이 되도록 하므로 장기적 자산형성에 뛰어난 방법이라고 알려져 있다.

하지만 달러 비용 평균법은 정말로 가장 유리한 투자 방법일까? 나는 꼭 그렇지만은 않다고 본다. 물론 일정 금액으로 매수함으로써 자동적으로 수량이 조정되기 때문에 시장이 하락하는 국면에서 비싼 값으로 한 번에 사들이는 것보다는 취득 주식의 평균 매입가가 싼 것은 분명하다. 그러니 '이것은 좋은 방법'이라고 생각하는 마음도 이해가 간다.

하지만 반대로 시장이 상승하는 국면에서는 어떨까? 이럴 때는 달러 비용 평균법으로 사기보다는 한 번에 사는 편이 훨씬 유리하다.

앞으로 상승하는 시점에서는 불리하다

도표 7을 보자. 이것은 달러 비용 평균법으로 주식을 적립식으로 매수하는 시나리오를 아주 단순하게 도식화한 것이다. 실제로는 이렇게 극단적으로 가격이 변동하진 않겠지만 알기 쉽게 설명하기 위해서 단순화했다. ①과 ② 둘 다 매월 1만 엔씩 매수했다.

①은 하락한 뒤 상승한 경우다. 매수 주식 수의 합계는 26.6주이며 시가는 최초 가격과 같은 2,000엔이므로 평가액은 5만 3,200엔이고, 매수 금액의 합계액인 4만 엔을 크게 뛰어넘었다. 하지만 ①과 전혀 반대 방향으로 처음에는 상승하다가 마지막에는 하락해 원래 가격으로 돌아온 ②의 경우를 보면 평가액은 3만 1,600엔으로 매수 합계액인 4만 엔을 크게 밑돌았다. 양쪽 다 처음에 거치식으로 4만 엔에 매수했다면 ①과 ② 둘 다 매수 금액은 4만 엔이었을 것이다.

도표 7

달러 비용 평균법으로
주식을 적립식 매수한 경우

①지속적으로 하락하다가 상승한 경우

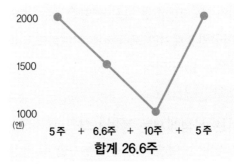

5주 + 6.6주 + 10주 + 5주
합계 26.6주

투자금액 : 4만엔
시가평가 : 5만 3,200엔

---

②지속적으로 상승했다가 하락한 경우

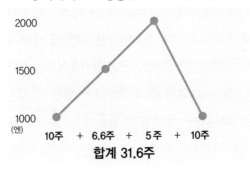

10주 + 6.6주 + 5주 + 10주
합계 31.6주

투자금액 : 4만 엔
시가평가 : 3만 1,600엔

다시 말해 어떤 시장 상황에서도 항상 달러 비용 평균법이 유리한 것은 아니다. 주식 시장은 영원히 오르지도 않고 영원히 내리지도 않는다. 따라서 앞으로 시장이 하락하기 시작할 때는 달러 비용 평균법으로 매수하는 것은 좋은 방법이지만, 반대로 시장이 상승 초입일 때 달러 비용 평균법을 사용하는 것은 최선이라고 할 수 없다.

결국 언제 매수하건 리스크와 리턴은 변하지 않는다

또 거치식 투자와 달러 비용 평균법을 비교해 보면, 이것은 단순히 매수 과정이 다를 뿐이며 매수를 종료할 때까지 든 취득 비용에는 차이가 있지만 일단 보유한 뒤 발생하는 리스크와 리턴은 같은 투자대상에 투자했으니 변함이 없다.

달러 비용 평균법으로 매수했다고 해서 그 뒤 특별히 유리하거나 불리하게 되지도 않는다. 매수 과정에서도 하락장일 때는 거치식으로 매수하기보다 달러 비용 평균법의 수익이 더 높지만, 상승장일 때는 거치식 투자가 더 높은 수익을 얻는다.

적립식 투자의 진짜 효용은

그렇다면 적립식 투자는 별 의미가 없을까? 나는 결코 그렇게는 생각하지 않는다. 적립식 투자에 적용하는 달러 비용 평균법은 투자기법과는 다른 면에서 큰 장점이 있다. 그것은 높은 리턴을 얻는 점이나 위험도가 낮아진다는 점이 아니라, 매수 원칙을 일종의 규칙화함으로써 주가 등락에 따라 일희일비할 필요가 없다는 점, 그리고 시장의 움직임에 현혹되어 불합리한 의사결정이나 투자 판단을 내리는 것을 막을 수 있다는 점이다.

사람들은 주가가 떨어지면 주식창을 보기도 싫고 적립식 투자를 그만두고 싶어진다.

반대로 주가가 올라오면 기분이 좋아져 매일 주가를 확인하고 여유가 있으면 추가 매수를 하고 싶어진다. 당연히 이런 행동은 그다지 좋은 결과를 낳지 못한다. 오히려 하락하면 사고 오르면 이성적으로 파는 게 현명하다.

하지만 사람의 마음은 그리 강하지 않다.

남들이 하는 일이나 자신의 솔직한 마음과 반대로 하려면 매우 강한 의지가 필요하다. 그런 점을 감안할 때 적립식 투자는 정액 매수이기 때문에 주가가 오르든 내리든 관계없이 규칙적으로 매수할 수 있다. 따라서 누구나 쉽고 논리적으로 매수할 수 있다는 것이 큰 장점이다.

다만 세상에 좋기만 한 이야기는 없다. 무작정 적립식 투자를 하면 이익이 생기는가 하면 결코 아니다. 적립식으로 펀드에 투자하기보다는 장기적으로 성장할 기업을 스스로 조사하고 리스크를 감수하며 장기적으로 보유하는 편이 훨씬 많은 이익을 얻을 수 있을 것이다.

다만 그런 노력을 하기가 번거롭거나 깊이 생각하지 않고 남들이 하는 대로 주식투자를 하는 사람이라면 크게 벌지는 않더라도 적립식 투자가 더 좋은 성과를 거둘 수는 있다.

즉 적립식 투자란 섣불리 투자하는 것보다는 어느 정도 나은 방법일 뿐이다.

적립식 투자를 권유받으면 주의해야 할 점

또 적립식 투자는 심리학적인 측면에서 좋은 매수 방식이지만 그래도 주의할 점은 있다.

하나는 같은 투자대상에 계속 투자하기 때문에 리스크가 집중된다. 밸런스형 인덱스 펀드처럼 투자대상이 아예 분산돼 있으면 모르지만, 개별주식이나 금 등이 투자대상일 때는 비중을 너무 싣지 않는 것이 현명하다.

특히 종업원지주회[2]는 급여라는 움직이는 수입에 모아놓는 자산까지 회사에 운명을 내맡긴 셈이니 너무 위험하다. 소액이면 모를까 큰 금액을 쏟아붓는 것은 신중해야 한다. 더구나 펀드의

---

2 기업이 종업원의 퇴직적립금으로 주로 자사주에 투자하는 펀드를 설립해 운용실적에 따라 종업원 퇴직시 퇴직금으로 지급하는 제도를 종업원 지주제도라고 한다. 지주조합 대표자가 증권사에 위탁하는 경우가 많으며, 지주회원은 매월 급여에서 공제하여 적립하고 회사는 종업원 적립금의 5~10%와 수수료나 사무비 등을 보조한다. 일본의 종업원지주제도는 서양의 제도들과는 달리 한국의 우리사주제도와 유사한 점이 많다.

경우 매입 수수료가 있는 상품은 정기적으로 매수하는 동안 비교적 비싼 수수료를 물어야 한다.

펀드 상품으로 적립식 투자를 하려면 매입 수수료가 없는 상품을 선택해야 한다.

적립식 투자는 금융기관이 볼 때 일단 계약 고객으로부터 안정적으로 돈이 들어오니 매우 효율적인 비즈니스다. 업체가 일관되게 적립식 투자를 권유하거나 예찬하는 이유도 여기에 있다. 이 방법만 쓰면 안심이라고 투자를 유도하는 것은 인지적 편견을 이용한 마케팅의 전략이다. 또 꾸준한 소액 투자이니 안심하라는 식의 홍보에 넘어가 신탁보수가 높은 펀드를 장기간 적립하지 않도록 조심하자. 고비용이 장기간 누적되면 만만치 않은 금액이 되기 때문이다.

나는 결코 적립식 투자나 달러 비용 평균법이 나쁘다고 생각하지 않는다. 일정한 효과가 있는 방법이지만 맹신하지 않는 것이 중요하다.

이 방법은 결코 만능이 아니다. 다양한 거래 방식 중 하나일 뿐이며 심리적인 우위성과 투자와 관련된 비용 및 리스크와는 별개의 것임을 알아야 한다.

5 | 초보자는 마음껏 일희일비해야 한다

평론가들은 왜 일희일비하지 말라고 할까?

투자에 관해 평론가와 금융기관 종사자들은 당장의 주가 하락에 일희일비하지 말라고 한다. 이것은 분명 단기 트레이딩을 하는 사람을 제외하고는 올바른 조언이다.

주가를 최종적으로 결정하는 것은 기업가치다. 그런데 단기적으로 주가는 시장의 센티(전망)와 수급에 좌우된다. 이것은 시장의 노이즈와 같은 것으로 당장 어떻게 움직일지 예측할 수 없으므로 애태워도 소용이 없다. 따라서 종목 선택이 가장 중요하고 그것만 제대로 하면, 즉 그 기업의 실적 동향에 변화가 없다면 일희일비할 일이 아니다.

그런데 안타깝게도 인간의 감정은 그다지 논리적이지 않다. 올라가면 기쁘고 내려가면 속상하다. 특히 금융 투자는 다른 분야와 달리 자신이 판단하고 결정한 것에 대해 손익 결과가 금방 나타난다. 주식을 사면 오르거나 내리거나 둘 중 하나밖에 없으니 내가 매수한 순간 즉시 결과가 나온다. 매수하자마자 주가가 떨어지면 누구나 기분이 좋지 않고 반대의 경우엔 기분이 들뜨기 마련이다.

투자를 시작한 초보자일수록 그런 경향이 강하다. 하지만 주가가 올랐다고 신나게 추가 매수를 하는 것은 바람직하지 않으며 주가가 떨어져 짜증난다고 팔아버리는 것도 좋지 않다. 감정이 시키는 대로 매매하다 보면 종종 반대 결과가 나오기 때문이다. 그러니 초보자는 눈앞의 오르내림에 일희일비해서는 안 된다는 조언이 나오는 것이다.

내가 마음껏 일희일비해야 한다고 말하는 이유

하지만 이것은 감정의 문제이므로 아무리 일희일비하지 말라고 해도 사실 생각처럼 되지 않는다. 투자를 시작하려는 사람이 주식 관련 책을 펼치면 거의 예외 없이 '단기 주가 변동에 일희일비하지 말라'고 나온다. 그러니 이것은 누구나 머릿속으로는 잘 알고 있는 원칙이다. 하지만 실제로 투자를 시작했는데 막상 주가가 떨어지면 그게 생각처럼 쉽지 않다.

그러므로 나는 강연을 할 때도 '투자 초보자인 사람은 그런 말에 신경 쓰지 말고 마음껏 일희일비해도 된다'고 한다. 투자의 원론적인 측면에서 보면 내 말은 정석이 아니다. 그럼 왜 그런 말을 할까? 사람들은 경험으로만 배우기 때문이다. 아무리 '일희일비하지 마라'고 한들 실제로 그런 일이 닥치면 마음대로 안 된다. 그렇다면 마음껏 일희일비하고 그 마음에 따라 매매하다가 손실을 경험하면 된다. 앞으로 투자를 하려는 사람에게 '손해 보면 된다'는 악담을 하는 것처럼 들리겠지만, 이것은 되는대로 하는 말이 아니다. 약간의 손실을 경험해야만 배울 수 있는 점도 많기 때문이다.

예를 들어 수영을 배울 때를 생각해 보자. 수영에 관한 책을 여러 권 읽고 몸이 물에 뜨는 원리와 팔다리를 어떻게 움직이면 앞으로 나아가는지, 호흡은 어떻게 해야 할지 완벽하게 알았다고 하자. 하지만 지식만 있는 상태에서 풍덩 물에 뛰어들면 헤엄칠 수 있을까? 아마 어려울 것이다. 사람들은 어릴 적에 수영을 배우는데 일단은 머리를 물에 담그는 것부터 시작하고 발차기 동작을 배우며 그런 다음 킥판을 들고 연습해야 조금씩 수영을 할 수 있게 된다. 때로는 코와 입에 물이 들어가 콜록거리면서 호흡법을 익혀나간다.

투자도 이와 비슷하다. 투자를 시작하기 전에 최소한의 기본적인 지식을 알아두는 것은 중요하며 반드시 필요하다. 하지만 투자 서적을 수십 권씩 읽으면 투자 고수가 될 수 있을까? '경험하는 것' 그것이 무엇보다 중요하다.

인간의 자연스러운 감정에 맡겨서 판단하면 실패할 가능성이 크다. 투자는 만만하지 않기 때문이다. 하지만 몸소 겪은 실패는 앞으로의 열매를 맺을 씨앗이 될 수도 있다.

그러므로 초기에는 마음껏 일희일비하고 마음이 가는 대로 매매해서 실패를 경험하면 된다.

불합리한 심리는 소액 투자로 경험해두자

다만 주의할 것이 있다. 투자를 시작할 때는 소액으로 해야 한다.

실패를 경험하면 된다고 했는데, 그 손해가 정신적으로나 경제적으로나 큰 타격을 주지 않아야 한다. 투자에 수반하는 감정의 기복은 액수의 크기를 불문하고 같다. 조금만 올라도 좋고 떨어지면 억울하다. 따라서 적은 돈으로 투자를 시작해 불합리한 심리를 겪어보면 된다. 그렇게 하면 손해를 봐도 그렇게 큰 타격을 입진 않을 것이다.

요즘에는 최소 투자금액의 한도가 꽤 낮춰졌다.

주식도 단주의 10분의 1로 매수할 수 있는 것도 아니고 펀드의 상당수는 1계좌에 1천 엔 단위, 심지어 1백 엔 단위로 매입할 수 있는 것도 있다. 가령 매달 1,000엔씩 투자해 3년간 계속하면 투입한 총금액은 3만 6,000엔이다. 설령 실패해 반 토막이 나도 손해는 1만 8,000엔이다. 이것은 술 몇 번 안 마시면 만회할 수 있는 금액이다.

금융기관으로써는 백 엔, 천 엔 같은 소액으로는 수지가 맞지 않을 것이다.

그런데도 이렇게 문턱을 낮추는 이유는 투자가 잘되면 투자자가 더 큰 돈을 투입하기를 기대하기 때문이다. 하지만 수익을 냈다고 해서 더 큰 돈을 투입하는 것은 좋지 않다. 오히려 최소한의 금액으로 '손해 보는 경험'을 하는 데 이용하자. 적어도 실패하는 경험을 거친 다음 큰 금액을 투자해야 한다.

'투자자의 일은 손해를 보는 것'이라는 의미

투자를 시작하기 전부터 손해 볼 것을 상정하다니 이상하지 않은가? 이렇게 생각할지도 모르지만, 투자는 원래 손해를 보는 것이다.

작가 타치바나 아키라의 저서 《겁쟁이를 위한 주식 투자》(북스넛)을 보면 '투자자의 일은 손해를 보는 것이다'라는 글이 나온다. 다소 냉소적인 문구이지만 이것은 '투자자의 일은 리스크를 감수하는 것이다'라고 달리 표현할 수 있다.

즉 손해 볼 가능성을 충분히 고려하고 리스크를 감수하라는 뜻이며, 그렇게 해야만 수익을 낼 수 있다. 그렇게 하지 못한다면 투자를 하지 않는 편이 좋다.

그런 의미에서도 처음에는 소액으로 투자해서 자신이 투자에 적합한 사람인지 확인하는 것이 좋다.

결국 투자는 감정과의 싸움이다. 투자를 계속하려면 최대한 빨리 '일희일비하는' 불합리한 전투를 겪어봐야 한다. 그 경험 없이 큰 자금으로 투자하는 것은 무모한 짓이다.

6 | 투자 원리주의자들의 소모전

절대적으로 옳은 원칙은 '불확실성'과 '공짜 점심은 없다'

투자할 때 재미있는 것은 다양한 '유파'가 존재한다는 점이다. 투자방식이나 사고방식이 실로 다양하고 절대적으로 옳은 방식은 존재하지 않는다.

시장 상황과 경제 전반의 흐름 같은 외부환경의 차이, 또는 리스크 허용도와 성격, 자금 규모와 같은 투자자 유형의 차이에 따라 판단방식과 투자방식이 아주 다양하게 갈린다. 어떤 국면에서는 올바른 방식이지만 그 방식이 항상 잘 풀릴지는 아무도 장담할 수 없다.

투자에서 절대적으로 옳은 원칙은 '불확실성'과 '공짜 점심은 없다'는 것뿐이다. 불확실성은 '앞날은 누구도 알 수 없다'로 '공짜 점심은 없다'는 '이 세상에 좋기만 한 일은 없다'고 바꿔말할 수 있다.

하지만 투자방식마다 열성 신자들이 존재한다. 더구나 왜인지 모르겠는데 그들 중 상당수가 원리주의에 빠져서 다른 방식을 절대 인정하지 않는다.

아마 일본인만큼 종교에 관용적인 국민은 세계적으로 드물 것이다. 결혼식은 일본 신사나 교회에서 하고(기독교인이 아니어도) 장례식은 대부분 불교식으로 한다. 명절에는 성묘를 다녀오고 부활절에는 아무것도 하지 않다가 크리스마스 날에는 기독교인이 아닌 사람들도 축하하면서 논다.

투자도 이렇게 관용적이면 얼마나 좋을까만은 사람들은 다른 유파를 비하하는 경향이 있다.

기술적 분석파 vs 펀더멘탈파의 다툼

예를 들어 투자 판단을 할 때는 크게 기술적 분석파와 펀더멘탈파로 나뉜다. 기술적 분석 투자의 대전제는 '주가에 관한 모든 정보는 차트(주가 추이를 나타낸 그래프)에 있다'는 것이다. 따라서 차트를 보고 투자할지 판단하며 기업가치 분석에 큰 의미를 두지 않는다.

반면 펀더멜탈파는 기업에는 본래의 가치가 있으며 장기적으로 주가는 그 가치에 수렴한다고 믿는다.

그러므로 기업분석이 가장 중요하며 차트를 거의 미신 취급하는 사람도 있다.

나는 어느 쪽인가 하면 펀더멘탈파이지만 차트를 쓸모없다고 생각하진 않는다. 주식투자는 단기적으로 시장 참여자들의 심리 게임적인 측면이 있으므로 트레이딩을 할 때는 참고가 되기 때문이다.

 그런데 실은 두 유파는 떼려야 뗄 수 없는 부분도 있다. 펀더
멘탈파는 기업의 실제 가치에 비해 주가가 쌀 때 매수하는 것을
원칙으로 한다. 하지만 이 세상의 투자자가 모두 기업의 내용을
정확히 조사해서 판단하는 펀더멘탈파라면 기업 가치와 괴리가
벌어져 주가가 저평가되는 일 자체가 일어나지 않을 것이다. 기업
가치 외의 요소로 판단하는 투자자가 존재하므로 펀더멘탈파가
수익을 얻을 기회가 생긴다는 말이다.
 한편 기술적 분석파는 시장참여자의 심리를 읽고 기대감을 예
측함으로써 투자 판단을 한다. 주가가 변동하려면 그 기대감이
움직여야 하는데, 이때 주가 변동을 예측하기 위한 가장 큰 요소
는 기업의 실적일 것이다. 즉 차트를 보고 판단한다고 해도, 그
움직임을 예측하려면 기업 내용을 조사하고 행동하는 펀더멘털
파라는 존재가 꼭 필요하다. 서로가 존재하기 때문에 자신들의
방식으로 투자 판단을 할 수 있는 것이다.

펀드에도 인덱스파 vs 액티브파

펀드의 인덱스형과 액티브형에도 같은 말을 할 수 있다. 인덱스
형은 시장 평균과 연동하는 것을 목표로 운용한다. 일본 주식의
경우 토픽스(TOPIX)나 닛케이평균에 연동하는 유형이다. 반면

액티브형은 벤치마크로 삼는 지수, 예를 들면 TOPIX보다 높은 운용 성과를 목표로 한다. 지수를 상회한다면 액티브 상품이 좋지 않을까 생각하겠지만 어디까지나 '상회하는 것이 목표'일 뿐이며 반드시 상회한다는 보장은 없다. 오히려 액티브형은 운용 수수료가 인덱스형보다 비싸고 인덱스형보다 실적이 나쁜 펀드도 많다. 수수료가 비싼 이유는 시장 평균을 이기는 수익을 올리기 위해 개별적으로 성장성이 높은 기업을 조사하는 만큼 비용이 들기 때문이다.

인덱스형 투자자들은 종종 '액티브 펀드 중 상당수는 인덱스 펀드를 이기지 못한다. 비싼 수수료를 내고 피 같은 돈을 타인의 투자 판단에 맡겨도 되는 거냐'라며 액티브형 투자자들을 비웃는다. 반면 액티브파는 '토픽스(TOPIX) 따위는 믿을 수가 없다! 닛케이평균을 사는 것은 실적이 나쁜 기업에도 투자하는 것이다. 그게 말이 되냐'고 인덱스파를 비판한다. 물론 대놓고 헐뜯진 않지만 양쪽 다 속으로는 그렇게 생각하지 않을까.

그렇지만, 주식의 펀더멘털파와 기술적 분석파처럼 인덱스파와 액티브파 역시 상부상조하는 관계다. 인덱스파는 시장은 효율적이고 모든 정보가 반영되어 있으므로 그보다 높은 수익을 올리기는 어렵다고 주장하지만, 사실은 그렇지 않다. 개인투자자 중에는 시장 평균보다 훨씬 높은 수익을 올리는 사람도 있다. 나도 10년 이상 수없이 많은 개인투자자들을 상대해왔지만 나름의 규칙에 따라 장기적으로 안정적인 수익을 올리는 미니 버핏과 같은 투자자를 의외로 많이 보았다.

반대로 모두 액티브파이고 비효율적인 수익을 올릴 기회를 찾으려 한다면 결국 시장 전체의 수익률과 같아질 수밖에 없다. 즉 서로 입장과 방식이 다른 투자자가 존재하기 때문에 그 나름의 방식이 성립되는 면이 있다.

왜 원리주의에 빠지는가

그렇다면 왜 투자에 유파가 있고 개중에는 원리주의에 빠지는 사람이 생길까? 나는 두 가지 이유가 있다고 생각한다. 하나는 투자는 리스크가 따라붙기 때문이다. 투자하는 것 자체가 항상 불안함을 동반하므로 뭔가 믿을만한 것에 매달리고 싶은 강한 욕구가 든다.

그래서 과거에는 무슨무슨 투자고수로 불리는 이가 내는 리포트, 지금은 정보 사이트와 투자 블로그를 들춰보게 된다.

또 하나는 자신의 성공체험이다. 이렇게 했더니 반드시 성공한다는 방법은 사실 드물지만, 어떤 국면에서는 그렇게 되기도 한다. 그리고 그 방식을 계속해서 쓰면 백 퍼센트는 아니더라도 어느 정도의 확률로 수익을 내는 일은 충분히 가능하다. 즉 재현성이 있다고 믿는 것이다. 그것이 보편적인 성공 방법은 아니라 해도 그 사람의 성격이나 행동에 맞는 투자 방법이라면 그렇게 해서 투자에 성공할 수도 있다.

적립식 투자로 어쩌다 큰 수익을 낸 사람, 트레이딩으로 성공한 사람, 개별주를 장기보유해서 성과를 낸 사람 등 성공 방법은 다양하지만, 자신이 경험한 일은 무엇보다 강한 자신감으로 바뀐다. 그래서 경험상 잘 되었던 것을 절대시하는 경향이 생긴다. 결과적으로 투자라는 분야에는 수많은 원리주의자가 탄생한다.

그러나 투자할 때는 항상 유연한 사고를 하는 것이 가장 중요하다. 과거의 정보와 투자기법을 맹신하지 않고 의심하면서 자신의 머리로 생각하는 것이 가장 중요하다. 종교라면 '믿는 자가 구원받는다'는 말이 통하겠지만 투자에서는 '믿는 자는 배신당한다'는 일이 종종 있다는 것을 명심하자.

column.2

'20년 전에 사둘걸'의 무의미함

성장주를 장기 보유함으로써 막대한 이익을 얻은 예는 꽤 있다. 요즘 가장 상징적인 주식은 미국 아마존일 것이다. 아마존은 1997년에 상장되었는데 당시 주가는 8달러였다. 최근에는 3,000달러를 넘었다. 과거에 주식 분할을 한 점도 감안하면, IPO 공개 시 아마존 주식을 샀다면 최근 3년 동안 2,000배 가까이 수익이 났을 것이다. 이른바 GAFA[3]로 불리는 애플과 구글도 비슷한 양상을 보인다.

주식 시장이 장기 침체에 빠졌던 일본에서도, 예를 들어 소프트뱅크를 1년 전에는 200엔 전후[*1]로 살 수 있었으니 50배가 올랐고, 인터넷 결제 대기업인 GMO 페이먼트게이트웨이의 주가는 리먼브라더스 사태가 터졌을 때 고작 100엔[*2] 정도였다. 최근에는 1만 5,000엔 정도이니 150배가 뛴 셈이다.

그래서 사람들은 술자리에서 '아~ 7년 전에 아마존을 살걸'이나 '지금의 기억을 가지고 타임머신을 타고 20년 전으로 돌아갈 수만 있으면 얼마나 좋을까'라고 한탄한다. 하지만 그런 사람은 20년 전으로 돌아간다고 해도 선뜻 아마존을 사지 못할 것이다.

---

3 'Big 4'로 불리는 구글 · 아마존 · 페이스북 · 애플을 가리키는 약어.

이것은 단언할 수 있다. 당시 아마존은 창업한 지 얼마 되지 않았을 때여서 엄청난 적자를 기록했고 흑자로 돌아선 것은 2002년 정도부터 였다. 제프 베이조스가 생각했던 비즈니스 모델이 성공하면서 미국을 대표하는 기업으로 성장한 것이다.

주식투자를 할 때 장기적으로 성장하는 기업을 찾아내려면 재무 내용과 성장성, 타사와 비교해서 진입장벽이 얼마나 높은지 확인하는 것은 물론이며, 최종적으로 리스크를 감수할 각오를 해야 한다. 지금부터 20년 후에 100배, 200배가 되는 주식은 반드시 있을 것이다. 그것을 찾아내는 노력이나 거기에 승부할 담력도 없으면서 '아, 20년 전으로 돌아갈 수 있으면 얼마나 좋을까'라고 하는 것이 무슨 의미가 있을까? 지금 그런 주식을 찾을 수 없다면 2년 전으로 돌아가도 아마존이 대성공을 거둘 종목임을 깨닫지 못할 것이다. 장기투자는 그런 것이다.

※1, ※2 모두 조정 후 종가(주식 분할 실시 전 종가를 분할 후 값으로 조정한 것)

제**3**장

주식으로
돈을 버는 사람과
벌지 못하는 사람의
경계선

1 | 주식투자에서 올바른 단 하나

주가를 결정하는 두 가지 요소

앞 장 마지막에 투자자에게는 유파가 있다고 했는데, 주식투자의 방식도 여러 가지가 있다. 최종적으로 주식투자로 돈을 버는 방법은 두 가지로 집약된다. 하나는 배당이고 또 하나는 매매 차익이다. 즉 미래에 많은 배당을 받거나 주가가 올라 비싸게 팔아서 이익을 얻는 것이다. 이것들을 얻기 위해서는 기업의 가치, 즉 주식의 가치가 향상되어야 한다.

주식의 가치, 즉 주가를 결정하는 것은 도대체 무엇일까? 이에 대해서는 여러 가지 생각이 있지만 이것만은 반드시 옳다고 할 수 있는 단 한 가지 요소가 있다. 그것은 주식 가치는 그 기업이 장래에 창출할 모든 현금흐름과 현재가치의 합계라는 것이다. 이것은 거의 이견의 여지가 없다. 기업은 계속기업(기업이 앞으로도 사업을 계속할 것)이 전제이므로 앞으로도 지속적으로 이익을 낸다. (물론 손실일 때도 있지만) 그런 기업 활동에 의해 창출되는 현금의 합계가 그 기업의 가치다.

다만 한가지 주의할 점이 있다. 올해의 이익인 1억 엔과 10년 후, 100년 후의 1억 엔은 그 값어치가 전혀 다르다는 점이다. 올

해의 이익 1억 엔은 당장 쓸 수 있지만 장래 이익은 그때가 되어
야 쓸 수 있다.

따라서 그것을 현재가치(지금의 값어치)로 바꿔줘야 한다. 다
시 말해 장래의 가치를 합당한 가치로 조정하는 것이다. 그 조정
비율을 '할인율'이라고 한다.

할인율을 계산하는 방법도 여러 가지가 있지만 자신이 기대하
는 수익률이라고 생각하면 문제가 없을 것이다.

예를 들어 자신이 연이율 5% 정도의 수익을 원한다면 그것을
할인율로 설정하면 된다. 따라서 주가를 결정짓는 것은 ①미래의
예상 이익과 ②할인율이다. 이것이 주식에서 절대적으로 올바른
단 한 가지 요소다.

주가가 이론상 가격대로 되지 않는 이유

따라서 주가를 예측하려면 이 ①과 ②를 생각하면 된다.

"②의 할인율은 그렇다 치고, 장래에 발생하는 모든 이익을 어
떻게 더하면 좋을까?"

이렇게 생각하겠지만 걱정할 필요 없다. 먼 장래의 이익을 현
재가치로 바꾸면 거의 영향이 없을 정도로 작은 숫자가 되기 때
문이다.

예를 들면 100년 후의 100만 엔의 현재가치는 할인율을 5%로
잡으면 7,600엔이고, 200년 후의 100만 엔은 고작 58엔이다. 이렇

게 먼 장래의 가치는 한없이 제로에 가까워지므로 실제로 계산할 때는 연간 이익을 할인율로 나누어도 거의 문제가 없다.

즉 구체적인 주가의 이론값을 도출하려면 예상하는 주당 이익을 할인율로 나누면 된다. (사실은 좀더 복잡하지만 단순화했다.) 예를 들어 주당 이익이 50엔이고 할인율이 5%인 경우, 50엔을 0.05로 나누어 계산한다.

정답은 1,000엔이다.

매우 거칠게 명하자면 이것이 그 주식의 이론상 가격이다.

논리상으로는 매우 간단하지만 실제로 그렇게 쉽게 주가를 예상할 수도 없고 이론상 가격대로 되는 일은 거의 없다고 봐야 한다. 주가는 제2장 5절에서 말했듯이 사람들의 감정에 따라 크게 요동치기 때문이다. 따라서 주가가 이렇게 계산상의 이론상 가격대로 되는 일은 드물다.

유파를 넘어선 단 하나의 진실

한층 더 까다로운 것은 ①미래의 예상 이익이다. 이것은 어디까지나 미래의 일이므로 확실하지 않다. 예상할 수는 있겠지만 실제로는 크게 차이가 날 가능성이 크다. 따라서 주가를 결정하는 요인을 이해한다고 해서 주식투자를 잘하는 것은 아니다. 그렇다면 굳이 이런 사실을 왜 알아야 하냐고 생각할 수도 있겠지만, 적어도 주식투자를 한다면 이런 원리원칙 정도는 알아둬야 한다. 투자 판단이 서지 않을 때는 원리원칙으로 짚어가며 생각하는 것이 중요하기 때문이다.

물론 원리원칙을 안다고 해서 반드시 투자에 성공하진 않는다. 하지만 모르는 것보다는 성공할 확률이 높다. 앞 장에서 투자자들에게는 유파가 있고 나름의 원칙이 있다고 했는데, **'주식의 가치는 그 기업이 미래에 창출하는 모든 현금흐름의 현재가치를 합한 것'**임은 어떤 특정한 파의 생각이 아니라 영원불멸의 정리(定理)라고 할 수 있다.

다만 유파에 따라서는 기업의 장래 이익을 예상하는 것은 불가능하다고 생각하며, 투자의사를 결정할 때 기업의 실적이나 성장성 같은 펀더멘털이 아닌 과거의 움직임인 차트 분석을 근거로 삼기도 한다.

독자 여러분이 어떤 생각을 근거로 투자 판단을 할지는 자유이지만 이 기본만은 알아두도록 하자.

2   주식은 성격이 좋은 사람일수록 손해를 본다

SNS나 점을 좋아하는 사람은
왜 주식으로 돈을 벌지 못할까

다소 자극적인 제목이지만 이것은 인품이 투자 성과에 영향을 준다는 뜻이 아니다. 인간성이나 인품과 투자 성과 사이에는 아무 관련이 없다. 여기서는 투자를 해도 좀처럼 돈을 벌지 못하는 사람들에게 공통된 성격과 경향을 말한다.

제1장에서 돈에 집착하는 사람은 수익을 내지 못한다고 했는데, 그 이유는 리스크를 감수하지 못하거나 감수하기 싫어한다는 것이었다. 그런데 좀처럼 수익을 내지 못하는 사람에게는 그밖에도 공통적인 특징이 있다.

그렇다면 어떤 사람이 좀처럼 수익을 내지 못하는 유형일까? 다음 다섯 가지를 들 수 있다.

유형 ① 남의 말을 쉽게 믿는다.
유형 ② 무슨 일이 있을 때 남의 의견을 듣고 싶어 한다.
유형 ③ 모두 함께하면 무조건 안심이다.
유형 ④ TV 버라이어티 프로와 SNS 정보를 열심히 찾아본다.

유형 ⑤ 점을 좋아한다.

어떤가? 이런 특징을 보면 어디에나 있는 평범하고 선량한 사람이 떠오르지 않는가? 하지만 이런 특징이 있는 사람이 투자를 하면 좀처럼 수익이 나지 않는다. 대체 이유가 뭘까? 반대로 수익을 내는 사람은 어떤 성격이고 어떤 특징이 있는지 살펴보자.

주식투자를 잘하는 사람의 성격과 특징

① 남과 다른 행동을 할 때 주저하지 않는다

이것은 ③ '모두 함께하면 안심이다'인 사람과 정반대 유형이다. 사람은 기본적으로 남과 다른 행동을 하면 불안해진다. 아니, 누구나 '모두 같은 일을 하면 안심이다'라는 마음을 많은 적든 갖고 있다. 심리학에서 말하는 '동조효과'일 것이다. 그런데 주식투자에서는 남들과 같은 행동을 하면 절대로 수익을 낼 수 없다. 이것은 아주 단순한 이야기다.

주가가 오르는 상태를 수급 관계 측면에서 보면 압도적으로 수요가 크다. 즉 사고 싶은 사람이 많다. 그럴 때 남들과 같이 사러 가면 고점을 잡을 수 있다. 오히려 그때는 사람들의 움직임을 냉철하게 관찰하면서 보유 주식을 매도하는 편이 좋다. 반대로 시장이 비관에 빠져있을 때 모두 절망적으로 앞날을 관망하거나 패닉 매도할 때는 차분하게 주식을 사들일 수 있어야 한다. 다시 말해 사람들이 하는 행동과 반대 행동을 하는 것이 성공의 비결이다.

사실 말이 쉽지 실천하기는 굉장히 어려운 말이다. 모두와 같은 행동을 해서 실패하면 그나마 포기할 수 있지만, 남들과 다른 행동을 해서 실패하면 엄청난 후회가 따르기 때문이다. 그러므로 투자에서 성공하려면 그 감정을 극복하는 강인한 정신력을 갖고 있어야 한다. 즉 무엇이건 남과 다른 행동을 하고 싶어 하는 청개구리 성격인 사람이 투자에 적합하다.

② 정보를 스스로 확인한다

최근에는 SNS를 통해 개인이 자유롭게 정보를 제공할 수 있게 되었다. 이것은 좋은 일이지만 곤란한 측면도 있다. 별로 정확하지 않은 정보가 넘쳐나고 있다는 점이다. 이른바 가짜뉴스(fake news)인데, 이것은 SNS뿐 아니라 TV 버라이어티 프로 등에서도 마구 발신된다. 전문가도 아닌 사람이 나와서 이야기하는 것 자체를 의문스럽게 생각할 수 있어야 하지만, 사람들은 'TV에 나온 사람'이나 '내가 아는 유명인'이 코멘트를 하면 깊이 생각하지 않고 믿어버린다.

심리학 용어로 이것을 후광효과(Halo Effect)라고 한다.

투자할 때도 마찬가지다. 실로 수상쩍은 정보와 잘못된 해석이 수없이 나오지만 안이하게 믿어버리는 사람이 많다. 유형 ①

인 '남의 밀을 쉽게 믿는다'거나 유형 ④ 'TV 버라이어티 프로나 SNS 정보를 열심히 찾아본다' 유형이 빠지기 쉬운 함정이다.

그러한 정보들 중 많은 부분이 자신의 경험이나 보고 들은 것에 근거하긴 하지만, 그 정보는 '에피소드(Episode, 일화)'이지 결코 '에비던스(Evidence, 근거)'가 아니다. 하지만 듣는 입장에서는 에피소드가 더 재미있기 때문에 재현성이 있는 것처럼 착각한다. 반면 에비던스는 공개된 숫자이므로 그것을 바탕으로 스스로 해석해야 한다. 사람들은 숫자가 나오면 무슨 말인지 모르겠다고 고개를 젓는다. 애당초 귀찮은 것이다.

하지만 투자에서 중요한 것은 에피소드가 아니라 근거를 바탕으로 내 머릿속에서 판단하는 에비던스다. 투자는 알 수 없는 앞날을 추정하는 행위인데 이를 위해서는 공개된 재무정보를 바탕으로 판단할 수밖에 없다. 투자처의 재무제표와 최소한 회사 사계보[1] 정도는 꼼꼼하게 읽어 둘 필요가 있다.

안이하게 남의 말을 믿지 말고 항상 의심의 눈초리로 확인해야 한다.

③ 자신의 머리로 생각한다

그리고 이것이 가장 중요하다. 그런데 간혹 스스로 생각하기도

---

1 기업별로 정보가 나와 있는 책자. 일본의 산업, 기업별 분석을 한 눈에 볼 수 있다.

싫고 남에게 판단을 맡기고 싶어하는 사람들이 있다. 아니, 그런 유형의 투자자가 더 많을지도 모른다. 나도 가끔 주식 강의를 들으러 갈 때가 있는데, 다음과 같은 광경을 심심치 않게 본다. 경기와 섹터별 동향, 금리와 환율 같은 이야기를 하고 있을 때는 꾸벅꾸벅 잠들어 있던 참가자가 "그럼 이상의 배경을 근거로 주목할만한 종목을 말씀드리겠습니다"라는 말이 들리기가 무섭게 눈을 번쩍 뜨고 열심히 메모하기 시작하는 것이다.

얼마 전 한 애널리스트도 그런 일이 한두 번이 아니라고 말했다. 그는 강연을 한 뒤 질의응답 시간에서 "이유는 됐으니까 추천할 만한 종목 코드만 알려주세요!"라는 말까지 들었다고 한다.

주가는 ○○쇼크라고 불리는 큰 시장의 변화뿐 아니라 날마다 여러 가지 정보에 의해서 변동된다. 그것을 먼저 스스로 생각하지 않고 다른 사람의 의견부터 듣는 것이 첫머리에 나오는 다섯 가지 유형 중 '무슨 일이 있을 때 남의 의견을 듣고 싶어 하는' 유형이다. 물론 투자 판단을 하는 것은 용기 있는 일이다. 판단한 결과가 반드시 잘된다는 보장은 없으니 실패하면 손해를 볼 수도 있다. 잘되지 않았을 때 후회하고 싶지 않고 내 탓을 하고 싶지 않은 것은 매우 자연스러운 일이다. 사람은 누구나 의사결정을 할 때 후회를 회피하고 싶은 성향이 있기 때문이다.

그래서 남에게 물어보고 그 사람 말대로 사고파는 것이 그 시점에서 마음이 편하다. '저 사람의 전망은 잘 들어맞더라!'거나

'저 사람 말이 맞다'고 믿으면 매우 편하고, 설령 맞지 않았다 하더라도 그건 내 책임이 아니라 맞히지 못한 '저 사람' 탓으로 돌릴 수 있기 때문이다. 즉 자신 때문에 후회하거나 손실이 생기는 것을 피하고 싶은 마음에서 점쟁이에게 묻는 것처럼 내가 아닌 다른 사람에게 물어보려고 한다.

이들은 모두 운세를 좋아하는 사람들이다. 하지만 투자에서 가장 해서는 안 될 일은 남의 말을 안이하게 믿는 것이다. 믿는다는 행위를 바꿔 말하면 '사고를 중단하는 것'이기 때문이다.

시장과 마주할 때는 깊이 생각하는 것이 매우 중요하다. 머리를 부드럽게 하고 유연하게 대처하는 것만이 성공하는 길이다. 시장의 가격에 '절대'란 있을 수 없기 때문이다. 항상 유연하게 생각하면서 그때그때 스스로 판단해 나가야 한다.

제1장에서도 썼지만, 투자란 그리 쉽지 않다. 보통 사람이 자연스러운 감정으로 주식투자를 하면 수익이 난다는 보장이 없고 오히려 손해를 볼 가능성이 크다. 아무에게도 의지하지 않고 스스로 생각하는 것, 남의 말을 섣불리 믿지 않는 것, 그리고 남과 반대되는 행동을 주저 없이 할 수 있는 정신력을 갖는 것이 필요하고 인내심도 요구된다.

이것이 주식투자다.

따라서 성격이 좋은 사람, 즉 남의 말을 잘 듣는 사람이 투자로 돈을 벌기 어렵다는 건 사실일 것이다.

3 │ 쌀 때 사서 비쌀 때 팔라는 말은 틀렸다

'싼 것'과 '저평가'는 전혀 다르다

주식을 쌀 때 사서 비쌀 때 팔라는 말은 틀렸다고 하면 사람들은 어리둥절해 한다. 쌀 때 사서 비쌀 때 파는 것은 당연하기 때문이다. 하지만 정확히는 '저평가일 때 사서 고평가일 때 파는 것'이 올바른 방식이다. '싼' 것과 '저평가'는 비슷해 보이지만 전혀다르다. 가장 큰 문제는 무엇을 가지고 '저평가'라고 느끼는가, 이다. 좀더 구체적으로 말하자면 '싸다·비싸다'의 기준을 어디에 둘것인지가 중요하다.

일단 결론부터 말하자면, 기업의 실체 가치를 기준에 두어야한다. '실체 가치'가 무엇인지는 뒤에 설명하겠는데, 요컨대 실체가치보다 그 주가가 낮은 상태가 저평가이고 그 반대가 고평가다. 하지만 사람들은 '싸다'와 '저평가'를 구분하지 못한다. 그 이유는 뭘까?

연말 정산으로 환급받으면 왜 기분이 좋을까

행동경제학의 중심 이론인 전망 이론(Prospect Theory)에는 '참조

의존성(Reference Dependency)'이라는 심리적 경향이 있다고 설
명한다.

이것은 무엇인가 평가하거나 판단할 때 절대값으로 판단하지
않고 어떤 하나의 값을 기준(참조)으로 하여 변화율로 판단하는
심리적 경향을 말한다.

예를 들어 샐러리맨의 경우 연말 정산을 생각해 보자. 연말 정
산은 미리 매월 급여에서 원천징수된 소득세 환급금이 연말에
돌아오거나 부족했던 금액이 추징되는 것을 말하는데, 대체로
는 환급된다. 그 금액이 환급되면(돌아오면) 기분이 좋고 추징되
면 기분이 나쁘다. 하지만 환급은 본래 내가 더 많이 냈기 때문
에 돌아오는 금액이다. 그만큼 이자를 붙여서 돌려받아야 하지
만 원금만 돌아와도 왠지 기쁘다. 반면 추징은 오히려 본래 내야
하는 만큼을 내지 않았던 금액이다. 사실은 그 금액에 대한 이
자 없이 원금만 내도 되니까 기뻐해야 할 일이다. 그러나 절대 그
렇게 느껴지지 않는다.

왜 그런가 하면 이 경우 '이미 낸 세금의 액수'가 참조점이 되기
때문이다. 환급받으면 세금이 줄었다는 느낌이 들고 추징당하면
세금이 늘었다고 느껴서 기분이 좋았다가 나빴다가 한다.

이렇게 인간의 심리는 어떤 기준을 참조점으로 하여 변화에
반응하는 성질을 갖고 있다.

자신이 산 값을 참조점으로 설정하는 잘못

그렇다면 주식투자는 어떨까. 주식투자에서는 자신의 매수가를 '참조점'으로 하는 경향이 있다. 즉 매수 매도 판단을 자신이 산 가격보다 싼지 비싼지로 결정하는 것이다. 그런데 이것은 전혀 과학적이지도 합리적이지도 않다.

내가 매수한 주가와 현 주가가 싼지 비싼지는 아무 상관이 없기 때문이다.

흔히 듣는 말이지만 시장은 당신이 얼마나 매수했는지 전혀 신경 쓰지 않는다. 그리고 주식도 당신에게 팔리고 있다는 것을 모른다. 즉 매수가는 단순히 자신이 산 값, 그 이상도 그 이하도 아니며 객관적인 의미가 있는 가격이 아니다. 그것을 매매 판단의 기준으로 삼는 것은 감정적으로는 이해할 수 있어도 전혀 논리적이지 않다.

주가가 기업 실체에 비해 비싸다면 판단을 잘못한 것이므로 설령 내가 산 가격보다 떨어졌다 해도 주식을 팔고 싸게 샀다면 산 값보다 비싸더라도 계속 버텨야 한다는 것이 본래의 판단 기준이다. 하지만 사람은 자신의 매수가를 기준으로 판단해 버린다.

주식투자로 성공한 사람에게 비결을 물으면 주식을 산 다음 자신의 매수가를 잊어버리라고 조언하는 이들이 꽤 많다. 주가의 위치가 적정가치에 비해 높은지 낮은지에 따라 매매 판단을 해야

함에도 저도 모르게 자신의 매매가를 기준으로 생각해서 실패한 경험이 있기에 자신에게 하는 경고를 겸해서 '내가 산 가격을 잊으라'라고 조언하는 게 아닐까.

주가는 '거울'이 아닌 '그림자'일 뿐이다

주가는 기업의 실체를 나타낸다고들 한다. 물론 맞는 말이지만 좀더 정확하게 말하면 주가는 기업 실체를 그대로 비추는 거울이 아니라, 기업에 빛을 비추어 생기는 그림자다. 이 경우 '빛을 비추는' 것은 투자자의 심리다.

다음 도표 8을 살펴보자. 똑같이 빛을 비추지만 위에서 비추면 그림자가 커진다. 즉 주가가 실체보다 크게 보인다. 이것은 사람들이 주가의 앞날을 낙관적으로 보는 경우이며, 소위 '거품이 낀' 시기에 이런 경향이 있다.

한편 빛을 위에서 아래로 비추면 실체보다 작은 그림자가 생긴다. 주식이 기업의 실체보다 저평가된 상태다. 리먼브라더스 사태와 코로나바이러스 팬데믹으로 인해 주가가 폭락했을 때는 수많은 기업의 주가가 이런 상태였다. 하지만 사야 할 때는 사람들이 비관에 빠져있을 때이며 반대로 팔아야 할 때는 그림자가 커져서 사람들이 시장을 낙관하고 있을 때다.

도표 8

기업 가치는 실체, 주가는 '그림자'

지나치게 낙관할 때

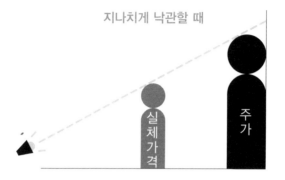

지나치게 비관할 때

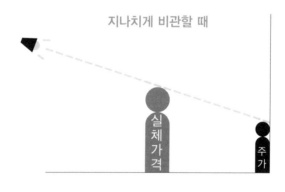

그림자(주가)를 좇기 때문에
실패한다

고평가와 저평가는 어떻게 판단하는가

그렇다면 주가가 고평가인지 저평가인지 어떻게 판단할까? 이것
이 실은 쉽지 않다. 그걸 쉽게 알 수 있다면 누구나 주식투자로
성공할 것이다.

일반적으로 저평가, 고평가를 판단하려면 PER이나 PBR을 보
면 된다고 한다. PER(주가수익률=주가가 한 주당 이익의 몇 배인
가)이 시장 평균 이하인 주식은 저평가라거나 PBR(주가순자산비
율=주가가 한 주당 순자산의 몇 배인가)이 1배 이하이면 저평가
라는 식이다.

하지만 이것도 그렇게 단순하지 않다. 성장성이 높은 기업은
항상 PER을 높게 추정되고 PBR이 1배 이하하는 기업의 청산가치
아래이므로 저평가라고 인식되지만 개중에는 정말 파산할 리스
크를 가진 경우도 있다.

원래는 기업의 재무분석으로 그 기업이 향후 어느 정도의 현
금(이익이 아닌)을 창출할 능력이 있는지, 그리고 사업을 지속하
는 데 필요한 자금이 어느 정도인지 계측해야 한다. 하지만 일반
적인 개인투자자들은 그렇게까지 생각할 시간과 지식이 없는 것
이 현실이다.

그렇다면 앞서 말한 PER과 PBR 등은 기업의 자료에도 등장해
서 쉽게 접할 수 있으므로 참고 정도로 하면 될 것이다. 또 영업

이익(회사의 본업으로 벌어들인 이익)이 얼마나 신장했는지, 예를 들어 과거 5년간의 증가 폭을 조사해, 그에 대해 주가가 어느 정도 움직였는지 보는 것이 좋다.

그것을 보고 종합적으로 판단해야 하며 한가지 지표에만 집착하고 고수하는 것은 피해야 한다.

아무튼 자신이 산 가격을 기준으로 삼고 그보다 높으면 팔고 낮으면 산다는 식의 단순한 판단은 금물이다. '주식은 쌀 때 사서 비쌀 때 판다'가 아니라 '저평가일 때 사서 고평가일 때 판다'는 것을 잘 이해하도록 하자.

4 | 배당을 무시하지 마라

주식투자의 본래 열매는
매매 차익이 아니다

주식투자 경험이 없는 사람은 '주식투자는 매일 주가 변동을 살
피면서 매매 차익을 노리는 것'이라고 생각하는 경향이 있다. 물
론 주식투자로 얻는 주된 이익은 매매 차익인 경우가 많다. 그러
나 그게 전부는 아니다.

주식에는 매매로 얻는 이익인 자본이득(Capital Gain)과 주식
을 보유함으로써 얻는 이자 소득(Income Gain)이 있다. 이것이
바로 배당이다.

주식투자를 할 때 배당은 결코 무시할 수 없는 요소다. 오히려
주식투자가 창출하는 본래의 열매는 배당에 있다고 할 수 있다.
주식 배당이 채권 금리와 다른 점은 회사가 창출하는 이익에 따
라 배당금이 증감한다는 것이다.

채권은 이른바 차입금이므로 정해진 금리를 지급하고 만기가
되면 원금을 환급하지만, 주식은 자산이므로 회사가 해산하지
않는 한 원금이 돌아오지 않는다. 환금 필요성이 생기면 누군가
다른 사람에게 매도해야 한다. 배당도 일정하지 않고 그 기업의

실적에 따라 늘거나 줄거나 하며 경우에 따라서는 배당금을 지급하지 않는 해도 있다. 그만큼 성장성이 있고 앞으로 풍부한 현금을 창출할 기업이 배당금 측면에서도 큰 매력이 있으며 배당금은 주식투자의 묘미 중 하나다.

일본은 왜 배당이 중시되지 않는가

하지만 일본에서는 오랫동안 주식투자에서 배당이라는 요소를 별로 중시하지 않았다.

그 이유가 뭘까?

원래 기업이 활동해서 얻은 이익을 사용하는 방법은 크게 3가지로 나뉜다.

①신사업에 투자한다, ②주주에게 이익을 환원한다, 그리고 ③기업 내부에 쌓아둔다. 배당은 ②에 해당한다.

일찍이 고도성장기에는 배당을 늘리지 않고 사업 확대에 투자하는 ①을 택하는 기업이 많았다.

지금도 한창 성장 중인 기업은 이익이 많이 나와도 배당금을 늘리지 않고 현금을 신규투자로 돌리기도 한다. 그 결과 사업이 확대되어 이익이 더욱 증가하면 주가가 상승하므로 배당이 적어도 주주에게는 주가 상승이라는 이익을 얻을 수 있다. 그렇다면 고작 몇 % 배당금을 더 받느니 신규투자로 돌려서 더욱 큰 이익을 내게 하는 편이 주주로서도 좋다.

따라서 일본에서는 1960~1980년대에는 배당금에 별 의미를 두지 않았고 배당률은 투자할 때의 기준으로 중시되지 않았다. 더구나 당시에는 예금 금리가 높아서 주식 배당보다 훨씬 많이 받을 수 있었으므로 주식 배당 자체에도 별로 매력이 없었다.

그러나 생각해 보면 주식처럼 불확실한 대상에 투자할 때는 예금 금리보다 높은 배당수익률을 요구하는 것이 당연하다. 즉 그런 풍조는 당연한 일이 아니다.

배당은 기업의 수익을 나타내는 바로미터

21세기에 들어 초저금리시대가 지속되자 상대적으로 배당수익률이 예금보다 높아졌다. 실제로 지금 도쿄 1부에 상장한 종목의 배당수익률을 가중평균으로 보면 1.96%(2021년 5월말 기준)이며 예금 금리보다 훨씬 높다. 그중에는 5%를 넘는 배당금을 주는 주식도 꽤 있다.

장기간 성장할 것이 예상되는 신흥기업의 주식에 투자하는 것도 좋지만 성숙한 기업으로부터 높은 배당금을 받으며 우량주를 지속 보유하는 것도 자산운용 방법으로서 나쁘지 않다.

배당 이율이 오르는 것이 주식투자에서 배당이라는 요소를 재평가하게 하는 것은 사실이지만 좀더 본질적인 면에서 살펴보면, 배당은 기업의 수익 상황을 가장 알기 쉽게 나타내는 바로미터라고 할 수 있다. 당연한 일이지만, 배당이 지급되는 것은 그 기업이 이익을 내고 있음을 의미한다. 배당은 기업이 돈을 벌어서 이익을 낸 가운데 지급되는 것이 일반적이기 때문이다. 말할 것도 없이 이익이 많으면 배당금도 늘고 그 반대도 일어날 수 있다. 그러므로 배당금은 상당히 정확하게 그 기업의 이익 정도를 나타낸다고 할 수 있다.

주식투자를 해서 얻는 현금흐름이라는 측면에서 생각하면 이익이 나는 기업의 주식을 보유해서 확실하게 현금을 받을 수 있는 것이 배당이다. 배당은 수익의 변동만큼 변하지 않는 것도 장점이다.

기업은 본질적으로 고정적인 주주가 있는 것을 선호한다. 자금을 출자해준 주주에게 안정적으로 보유하게 하는 것이 당연하므로 기업은 본래 '안정 배당 지향'을 하게 된다.

배당수익률에 중점을 둔 투자 전략

배당수익률에 중점을 둔 투자 전략 중 하나로 미국에서 쓰이는 다우의 개(Dogs of the Dow)라는 방식이 있다. 이는 미국 다우지수(Dow-Jones Industrial Average)를 구성하는 30개 종목 중 직전 배당수익률이 가장 높았던 10개 종목을 사고, 1년이 지난 이듬해 말 다시 새로운 고수익 종목 10개로 바꾸는 것이다. 단순한 투자 방법이지만, 해에 따라서는 다우 평균을 꽤 웃도는 실적을 올리기도 한다.

이 투자법의 포인트는 싼 주식을 사는 것, 그리고 그 싼 가격의 기준을 배당수익률에 두고 있다는 점이다.

배당 이율이 높다는 것은 배당 자체가 높거나 주가가 낮거나 둘 중 하나라는 뜻이다. 배당이 높다면 그 기업의 실적이 좋은 것이므로 앞으로의 주가 상승을 기대할 수 있다. 반면 주가가 떨어져서 배당수익율이 높은 상태라면 떨어진 것은 언젠가 원상 회복하리라는 지극히 단순한 발상이지만 이는 '반환 반전 효과 (Return Reversal Effect)'를 노린 투자방식이다.

물론 주가가 크게 떨어져 배당 이율이 높아진 주식이라면 그대로 기업이 파산하지 않을까 하는 우려는 있다. 그러나 다우 지수 30종 평균으로 선정된 종목은 미국을 대표하는 기업이므로 기업이 파산할 걱정은 별로 하지 않아도 된다.

일본에서도 일단 배당수익률이 높은 주식을 선정한 다음 그중에서도 실적이 안정되어 과거 수년간의 배당액이 한 번도 전년을 밑돌지 않은 주식을 훑어보면 어떨까?

안정된 고수익 종목을 발견하고 장기 보유함으로써 안정된 수익을 얻을 수 있지 않을까.

미국에서는 배당을 주된 목적으로 주식을 장기보유해서 DRIP(Dividend Reinvestment Plan=배당금 재투자 계획)라 하여 배당금을 현금으로 받지 않고 그 회사의 주식을 배당금으로 구입하는 방식이 있다. 배당금 자체는 소득이므로 세무신고 시 세금을 내야 하지만 DRIP의 경우 배당금이 발생한 시점에는 세금이 부과되지 않는다.

따라서 원래 배당금을 받을 때 원천징수되는 세금은 그 시점에서는 부과되지 않고 재투자할 수 있기 때문에 효율적으로 자산을 늘리는 방법으로 인기가 있다.

일본에는 유감스럽게도 이와 같은 제도가 없다. 주식누적투자제도와 종업원지주회가 배당금을 재투자할 수 있게 돼 있지만, 세후 금액으로 재투자되기 때문에 DRIP와 똑같지 않다. 기간 한정이기는 하지만 니사(NISA)를 이용해 주식을 사면 세금은 들지 않지만 재투자를 할 수는 없다.

이렇게 일본은 여전히 주식의 장기투자, 장기 보유에 대한 우대책이 충분하지 않은 상황이다.

이러한 이점이 있는 제도가 채택된다면 자산운용이나 투자에 대한 선택사항이 좀더 확대될 것이다. 펀드뿐 아니라 장기주식보유 또한 크게 자산을 불릴 수 있는 유력한 방법이기 때문이다.

5 | 물타기는 대부분 실패한다

주가가 폭락하면 추매하는 것은
초심자가 빠지는 함정

주식투자를 하면서 보유하고 있는 주식이 하락하면 떨어진 가격
으로 추가 매수하는 일이 있다. 이것을 '낙폭과대주 매수' 또는
'물타기'라고 하는데, 주식 시장에서 40년 넘게 종사하며 개인투
자자들의 행동을 보아온 나로서는 물타기는 실패로 끝나는 일이
많았다.

물타기가 좋다고 하는 것은 처음 산 가격보다 쌀 때 수량을 늘
림으로써 전에 산 매수가와 합산해 평균적으로 매수 가격이 내
려가기 때문에 첫 매수가로 주가가 회복되면 수익이 난다는 사고
방식이다.

물타기는 얼핏 주가가 하락했을 때 합리적인 투자행위로 보이
지만 실은 투자 초심자가 빠지기 쉬운 심리적 함정이 입을 벌리
고 있다.

물타기를 해버리는 이유

왜 사람은 자기가 가진 주식이 떨어지면 물타기를 하고 싶어질

까? 여기에는 몇 가지 이유가 있다.

① 손실을 보기 싫다 (손실회피 심리)

앞서 말했듯이 행동경제학의 기초적 이론인 전망이론에 따르면 사람은 누구나 손실회피적인 성향을 갖고 있다. 즉 손해를 보는 것을 대단히 싫어한다. 따라서 자신이 산 주식의 주가가 떨어지면 손실을 뒤로 미루려는 심리가 작용한다.

자신의 예측이 틀렸음에도 그것을 인정하고 매도하지 못하는 것이다. 지금 팔지 말고 한동안 관망한다. 그랬는데 주가가 더욱 하락하면 '매수가보다 꽤 떨어졌으니 추가 매수하면 되겠지'라며 자신을 설득한다.

② 자신의 매수가를 기준으로 한다 (참조 의존성)

제3장 3절에서도 언급했다.

전망이론의 사고방식 중 하나인 '참조 의존성'이 작용해 자신의 매수가(=참조점)를 기준으로 삼는다. 본래 매매 판단은 현시점에서의 주가가 상대적으로 싼지 비싼지를 기준으로 생각해야 하지만, 사람은 자신이 산 가격을 기준으로 매수 매도를 판단하기 쉽다고 앞에서도 말한 바 있다. 즉 자신의 매수가를 참조점으로 설정하고 그것을 절대시하기 때문에 주가가 떨어지면 단순히 저렴해졌다고 착각하는 것이다.

그래서 싸졌으니까 '사자!'라는 식으로 쉽게 추가 매수 버튼을

누른다.

③ 비용을 낮추면 안심 (인지부조화 해소)

심리학에는 인지부조화(Cognitive Dissonance) 이론이 있다. 자신이 원하는 바를 이루지 못했는데, 그 상황을 혼자 힘으로 바꿀 수 없는 경우에 마음속으로 갈등과 불쾌감이 생긴다. 이 상태를 인지부조화라고 한다. 그리고 그것을 어떻게든 해소하기 위해 자신의 해석이나 판단을 바꿈으로써 심리적으로 타협하는 것이 '인지부조화 해소'다.

주식투자의 경우라면 오를 것을 기대하고 샀는데, 주가가 떨어진 상태가 이에 해당한다. 내 판단이 틀렸음을 인정하고 싶지 않다. 하지만 주가는 하락하고 있다. 이 사실은 혼자 힘으로 바꿀 수 없다. 그러자 '여기서 추매하면 평균매수단가(비용)를 낮출 수 있어'라고 자신을 설득하며 물타기에 나서는 것이다.

외화거래는 더 주의해야

하지만 종종 물타기는 실패한다. 왜 물타기가 성공하지 못하는지 그 이유를 생각해 보자.

원래 주가가 내렸을 때의 대응 방법은 3가지 밖에 없다. ①포기하고 손해를 각오하고 팔아버리거나(손절하거나) ②싸게 살 기회로 받아들이고 추매하거나 ③관망하는 것이다. 사람들은 손실

회피의 심리로부터 ①손절은 좀처럼 하지 않는다. 가장 많은 것은 ③번이고 그 후 더 내려가면 ②의 물타기를 하거나 아무것도 하지 않고 묻어두는 경우가 많다.

주식투자의 대원칙은 쌀 때 사서 비쌀 때 파는 것이 아니라 저평가에 사서 고평가에 파는 것이 옳다는 것은 이 장에서 설명한 바와 같다. 주가란 언제나 적정한 기업 가치를 나타내는 것이 아니라 오르락내리락 반복한다. 따라서 주가 하락은 추가 매수할 이유가 되지 않는다.

그 기업의 실적이 나빠졌다면 거기서 더 떨어질지도 모르기 때문이다.

주식만의 이야기가 아니다. 외화거래의 경우라면 더욱 그렇다. 금리가 높다고 해서 신흥국 통화표시 채권이나 펀드를 산 사람도 있을 것이다. 그런데 예상과 달리 그 나라의 통화가 하락하는 일은 자주 있다.

왜 그렇게 되는지는 제5장에서 설명하지만, 외환거래라는 것은 단순한 '환전'에 지나지 않는다. 환율은 그 환전을 결정하는 비율이므로 단기적 환전 비율의 변화는 수급에 좌우된다.

따라서 하락장에서 추가 매수를 하는 것이 반드시 올바른 행동은 아니다. 신흥국 통화가 하락했다고 추가 매입을 하는 것은 도박의 판돈을 늘리는 것이나 다름없다. 단타매매로 이익을 내려

는 생각이라면 차라리 규칙을 정해서 손절하는 것이 좋은 결과
가 되기도 한다.

올바른 물타기는
신규로 그 주식을 사고 싶을 때 사는 것

뒤에 자세히 설명하겠지만, 주가가 떨어질 때는 그만한 이유가
있다. 떨어지는 이유가 그 회사 자체의 악재가 아니라 천재지변
이나 정치적 이유로 떨어졌다면 물타기를 하는 것도 나쁘지 않지
만, 그럴 때는 오히려 팔고 싶어지는 심리가 작용하는 경우가 허
다하다. 그래서 올바른 물타기를 하는 것은 생각보다 쉽지 않다.

그렇다면 올바른 물타기란 무엇일까?

그것은 과거에 내가 산 주식은 잊고 지금부터 신규로 그 종목
을 사고 싶은지 자신의 마음에 물어보면 알 수 있다. 그래도 여
전히 사야한다고 판단한다면 사면되지만, 내가 과거에 산 매수가
를 낮추려는 목적이라면 물타기를 하지 않는 것이 좋다.

첫머리에서도 말했듯이 물타기는 '싼 가격으로 매수해 과거의
매수가와 합산하면 평균매수 단가가 낮춰지므로 주가가 원상 복
귀하면 수익이 난다'는 생각이 깔려있는데 주가가 원래 가격으로
로 돌아간다는 것은 근거 없는 희망에 불과하다. 그리고 물타기
를 하면 매수단가(비용)가 낮아진다고 하지만 그것은 처음에 산
주식의 비용이 낮아질 뿐이며 나중에 산 것은 그 주식을 매수한

순간 비용이 새로 발생하는 것이다. 요는 이것도 판돈을 늘리는 행위일 뿐이다.

다시 말해 대부분 물타기는 단순한 마음의 위안에 지나지 않는다. 오히려 단기 매매(트레이딩)로 이익을 올리고 싶다면 떨어진 주식을 보유하려 애쓰지 말고 재빨리 팔고 다른 종목으로 갈아타는 편이 훨씬 빨리 손실을 복구할 가능성이 있다.

주가가 떨어지면 주식을 생각하기도 주가를 쳐다보기도 싫겠지만, 그런 때야말로 하락했고 추매할 가치가 있는지, 아니면 향후를 생각해서 매도하는 편이 나은지 생각해야 한다.

마음의 위안을 위해 매수하고 그 결과 주가가 회복되지 않아 묻어두게 되는 것은 최악이다. 주식투자 경험이 있는 사람이라면 알겠지만, 리먼브라더스 사태가 터졌을 때와 2020년 코로나바이러스 확산으로 인한 폭락을 경험했을 때, 가장 원망스러운 것은 '주가가 충분히 떨어져서 매수하고 싶지만, 내가 보유한 주식이 전부 나락으로 떨어져 있어서 현금이 없는' 상태다.

물타기로 잡초를 늘리지 않고 포기할 것은 빨리 포기하고 손절하여 현금을 마련하는 편이 낫다.

6 | 매도할 이유를 틀리면 주식투자에 실패한다

　주식으로 이익을 낼지 손해를 볼지 결정하는 것은 매도할 때다. 주식을 판 시점에서는 그 후 주가가 오를지 내릴지 알 수 없고 보유하고 있는 동안에는 평가이익이나 평가손실이므로 실제로 팔지 않으면 손익이 확정되지 않는다. 즉 언제 파느냐가 무척 중요하다.

　그러나 팔 때는 '언제 팔 것인가'라는 시점도 중요하지만 그보다 '어떤 이유로 파는가'가 더욱 중요하다. 특히 주가가 떨어졌을 때의 대처 방법이 지극히 중요하다. 이것을 잘못 판단해서 팔지 않고 두면 더욱 떨어질 수도 있고 판 뒤에 상승하는 비극도 생긴다. 그러므로 어떤 이유일 때 팔아야 하고 어떤 이유일 때 팔지 않는 편이 나은지 생각해 보자.

시장 상황이 불안할 때는 관망, 개별기업의 실적 악화는 즉각 매도

먼저 주식 시장에서 주가가 급락하는 이유는 크게 두 가지로 볼 수 있다. 하나는 2020년의 코로나바이러스 팬데믹과 같이 사회적 불안 요인이 생기거나 정치적 변화, 천재지변이 발생하는 부정적인 현상이 돌발적으로 일어나 심리적 불안이 증폭되는 경우다. 이는 순전히 경제적인 사유가 아니지만 때에 따라서는 전체 경제에도 큰 영향을 미칠 수 있다.

다른 하나는 세계 경기 동향이 악화, 금리가 상승 등 순수하게 경제적인 이유, 특히 투자한 개별기업의 실적이 악화되는 등 그 기업에 관한 악재가 생겼을 경우다. 결론부터 말하면 전자의 경우는 팔지 말아야 하고 후자의 경우는 파는 것이 좋다.

전자처럼 돌발적인 이유로 주가가 하락한다 해도 그것이 경제적으로 큰 영향을 주는 요인이 아니라면 주가가 회복되는 경우가 많다. 하지만 후자의 경우는 하락이 길어질 가능성이 크다. 특히 개별주식에 투자하고 있는 경우 시장 전체의 요인이 아니라 그 기업의 실적이나 재무 상태가 악화되면 주가는 오래 침체하는 일도 일어날 수 있다.

따라서 전자와 같이 시장 전체가 돌발적인 이유로 하락한다면 보유 주식을 황급히 팔기보다는 잠시 관망하는 것이 좋지만 후자와 같이 개별기업의 상황이 악화될 것으로 밝혀졌을 때는 신속히 매도 여부를 검토하는 것이 좋다. 하지만 사람들은 종종 반대로 판단한다.

EU 탈퇴나 미국 대통령 당선도…

예를 들어 2016년 영국에서 EU 탈퇴에 관한 국민투표를 했을 때, 원래 예상과는 달리 '탈퇴를 찬성하는 사람들이 승리'함으로써 주가가 일시적으로 크게 하락했다. 더욱 극단적이었던 것은 그해 1월 8일, 미국 대선에서 트럼프가 당선됐을 때다.

힐러리 클린턴이 우세하다고 했던 사전 조사를 뒤집는 결과에 주가는 크게 하락했다. 특히 11월 8일 투표일 밤 개표가 진행되면서 점차 트럼프의 우세가 알려지자 같은 시각인 일본 시간 9일 낮에 거래가 이뤄졌던 도쿄증시는 대량 매도가 발생했고 닛케이 평균주가가 약 1,000엔이나 하락했다. 정치 경험도 없고 과격한 발언으로 물의를 빚은 적이 있는 트럼프가 대통령이 된다는 것에서 불확실성이 급부상했기 때문일 것이다.

이날 일본을 대표하는 기업인 도요타자동차의 주가도 약 380엔 하락했다.

당시 주가의 6.5%나 하락한 셈이다.

당시만 해도 도요타의 시가총액이 3조엔 정도였으니 하루 만에 약 1조 3,000억 엔의 가치가 증발한 것이다. 하지만 트럼프가 당선되기 전과 후, 도요타자동차의 기업 가치에 1조 3,000억 엔의 변화가 있었을까?

그럴 리가 없다.

불확실성으로 인해 당황한 매물이 쏟아져 나와 주가가 하락했을 뿐이다.

8일, 도요타의 거래량은 800만 주 수준이었지만 9일에는 2,800

만 주로 3배 이상으로 증가했다. 다음 20일에는 주가가 거의 원래 가격으로 돌아왔다. 즉 주가가 하락하자 투매한 사람이 얼마나 많았는지 보여준다.

이렇게 극단적이진 않아도 비슷한 예는 과거에 얼마든지 있다. 주식투자는 기업 가치를 사는 것이다. 따라서 개별기업의 실적이나 재무 상태가 악화되면 분명히 기업 가치가 떨어지게 되므로 신속하게 처분하는 편이 손실을 최소화하는 방법일 수도 있다. 그런데 영국 국민투표와 트럼프 당선 같은 경우에는 황급히 매도하는 사람이 많지만, 정작 기업 가치가 악화했을 때는 좀처럼 매도하지 못하는 경향이 있다.

앞에서 '물타기는 대부분 실패한다'고 한 것은 후자의 경우를 말한다. 빨리 팔아버리는 편이 나은데도 추가 매수를 해 투자액을 늘려서 되려 손실을 키운다. 오히려 전자와 같은 해프닝이 일어났을 때 물타기를 하면 잘되는 경우도 있다. (이런 경우도 있다는 말이지 항상 그렇다는 것은 아니다.) 하지만 사람들은 대부분 정반대의 행동을 한다. 도대체 무슨 까닭일까? 왜 반대로 행동하는 걸까.

행동경제학으로 생각하면 이유가 보인다

이것은 행동경제학에 기초해 투자자의 심리를 생각해 보면 알 수 있다.

원래 인간은 손실 회피의 경향이 강하다. 더욱이 휴리스틱 (heuristics)이라고 해서 사물을 논리적으로 차분히 생각해 판단하는 것이 아니라 과거의 경험이나 종종 있을 것 같은 일, 일어날 것 같은 일을 생각해서 즉흥적으로 판단하는 경향도 있다.

천재지변이나 정치적 변화는 그것이 경제에 어느 정도 영향을 미칠지, 아니면 자신이 투자한 기업이 그로 인해 어떤 부정적인 영향을 받을지 잘 따져서 판단해야 하는데, 워낙 좋지 않은 일이라 반사적으로 위험회피 쪽으로 움직이기 십상이다. 이른바 '리스크 오프(risk-off)' 상황이다. 게다가 밴드왜건 효과(Band wagon effect)라고 해서 다른 사람들이 팔기 시작하면 자신도 이에 동조해 행동하는 경향도 있다.

결과적으로 차분히 보유하고 있었더라면 좋았을 것을 주가가 하락했을 때 불안한 마음을 견디지 못하고 싼 가격에 던져버린다. 2020년 3월, 신종 코로나바이러스 확산 우려로 미국과 일본의 주식 시장이 5%나 하락한 것이 좋은 예다.

반면 기업실적 악화는 뉴스에서 크게 다루어지는 경우가 적다. 그러나 냉정하게 따져보면 기업의 실체가 나빠졌다면 최대한 빠른 시일 내에 주식을 처분하기로 판단하는 것이 타당하다. 그런데 그런 일이 생겨서 주가가 약간 하락했을 때는 막상 팔지 못한다. 지금 당장 팔면 조금이나마 손실이 생긴다. 손실을 확정하기보다는 갖고 있으면 차차 오를지도 모른다는 근거 없는 희망으로 보유하기를 바라는 사람이 많기 때문이다.

묻어두는 것은 전혀 좋은 일이 없다

게다가 그때 골치 아픈 심리가 발동한다. 바로 현상유지편향 (Status quo bias)이다. 비교적 이성적인 사람이라면 기업 실적이 나빠질 것이 분명해졌으니 지금의 상태를 바꾸는 것이 좋다(이 경우에는 파는 것이 좋다)는 점은 이해할 수 있다. 그런데 바꿔야 한다는 것을 알면서도 좀처럼 바꿀 수 없는 것이 이 현상유지편향이다.

마음 한구석에 팔자마자 오르면 어쩌나 하는 생각이 들기 때문이다. 결국 주가가 하락한 상태로 계속 보유하게 된다. 이른바 묻어두는 것이다. 하지만 묻어둬 봤자 좋은 일이 아무것도 없다. 돈이 묶여서 다른 투자 기회를 놓치기 때문이다.

따라서 향후 실적에 먹구름이 낀 기업의 주식은 일찌감치 팔아버리는 것이 좋다.

스스로 손절 원칙을 설정하라

주식투자를 할 때는 기업의 내용을 잘 이해하는 것도 중요하지만 단기적인 주가의 움직임은 투자자의 심리가 가장 큰 영향을 준다. 애초에 주식투자 자체가 앞날을 내다볼 수 없는 결과에 대해 리스크(위험)을 감수하고 내기하는 행위이기 때문에 장래가 불투명한 상황이 되면 불안 심리가 증폭되고, 반대로 향후의 경제가 낙관적인 전망으로 가득하면 지나치게 들뜰 수 있다.

전자일 경우 폭락이 발생하고 후자의 경우 이른바 거품이 생긴다. 이것은 '좋고 나쁘고'가 아니라 인간의 본질적인 심리라서 어쩔 수 없다.

따라서 주식을 매도할 때는 특히 손절매에 관해서는 원칙을 정해놓고 지키는 것이 좋은 방법이다. 물론 그것이 반드시 최선은 아닐 수도 있지만 아무것도 하지 않는 것보다는 어느 정도 나은 방법임은 분명하다.

column.3

지금은 너무 올랐다고
소문난 주식은 오히려 매수 적기?

사람들은 주가가 오르는 것은 사는 사람이 많기 때문이라고 착각한다. 하지만 시장에는 사는 사람과 파는 사람의 수량이 일치하지 않으면 주가가 성립하지 않으므로 주가가 상승할 때는 딱히 사는 사람이 많은 것은 아니다.

그럼 왜 주가가 오르는가 하면 그 주식을 사고 싶은데 아직 못 산 사람이 많기 때문이다. 즉 시장에 '사고 싶은 기운'이 가득할 때 주가가 상승한다. 그럼 지금이 그런 상태인지 아닌지 어떻게 알 수 있을까? 실은 아주 간단하다. "지금은 너무 올랐으니 머지않아 내려갈 것이다"라거나 "지금은 분명히 거품이야"라고 말하는 사람이 비교적 많을 때는 '사고 싶은 기운'이 충만한 때라고 생각하면 된다.

만약 정말로 '지금은 너무 올랐어. 비싸다'고 생각한다면 그 주식을 공매도하거나 인버스 ETF를 사면되지만 그렇게 말한 사람들은 대부분 그러지 않는다. 내심 그 종목을 사고 싶기 때문이다.

즉 상승세를 놓쳤을 때 '내가 너무 늦었군. 지금 사려니 아깝네. 언젠가는 분명히 떨어질 테니까 그때 사야지'라고 생각해서 그렇게 말하는 것이다. 이것을 다른 말로 '사고 싶어서 하는 우는 소리'라고 하기도 한다. 그런데 대체로 주가가 실제로 떨어지면 더 내려갈지도 모른다고 생각해 손이 가지 않는 법이다. 그러다가 다시 오르기 시작하면 더 이상 참을 수 없어 사겠다는 사람이 늘어난다. 이렇게 사고 싶어 하는 사람들이 모두 사버리면 그 주식은 이제 떨어질 수밖에 없다. '사고 싶은 기운'이 사라졌기 때문이다.

흥미롭게도 그럴 때는 누구도 약한 소리를 하지 않는다. 매수한 사람이 자신이 보유한 주식에 대해 희망적인 관측을 하면서 상승을 외치기 때문이다. 누구나 상승을 외칠 때가 거품의 절정이 되는 것은 이런 이치에서다.

제**4**장

펀드에는
함정이 있다

1 ┃ 초심자가 펀드부터
시작하는 것은 잘못이다

'소액이니 가볍게 시작하세요'의 속내

최근에는 투자할 때 주식이 아닌 펀드에 비중을 두는 사람이 늘어났다. 2021년 3월, 일반사단법인 투자신탁협회가 발표한 〈투자신탁에 관한 설문조사 보고서〉에 따르면 2020년, 투자신탁(펀드)을 보유하고 있다고 답한 사람은 23.4%에 달했다. 전년 22.3%보다 순조롭게 증가한 수치이며, 2018년 14.7%에 비하면 60%나 늘었다.

특히 요즘에는 소액으로도 상품을 매수할 수 있게 된 것도 펀드를 보유한 사람이 늘어나는 데 한몫했을 것이다. 예전에는 최소한 10만 엔 단위였고 그 뒤 1만 엔 단위로 살 수 있게 변경되었는데, 몇 년 전부터는 천 엔, 심지어 백 엔 단위로도 매수할 수 있게 되었다. 금융상품이라기보다는 일반 소비재와 비슷한 느낌이 드는 모양이다. 또 '용돈 투자'나 '포인트 투자'는 1엔 단위로도 신규 매수할 수 있다.

이처럼 펀드 소액 매수가 가능한 것은 나쁜 일이 아니지만 그만큼 쉽게 매수할 수 있게 된 것은 다소 걱정스럽다. 과연 사람들이 '가격 변동 리스크를 충분히 인식하고 있는지', '가격 변동의 원리를 이해하고 있는지' 의문이 들기 때문이다.

"소액으로도 투자할 수 있으니 가볍게 시작해보세요."

이것은 업체의 마케팅 전략이다. '부담 없이 할 수 있는 것'과 '제대로 할 수 있는 것'은 같지 않다. 금액의 문제가 아니고 투자에 대한 자세의 문제이며, 가격 변동 리스크와 그 원리를 바르게 이해하지 못하고 투자하는 것은 매우 위험한 일이다. 업체는 결과가 좋게 나와서 고객이 더 많은 자금을 투입하기를 기대하고 있을 것이다.

물론 오랫동안 침체에 빠졌던 주식 시장이 2012년부터 상승세로 돌아서면서 최근 7~8년간 투자한 사람, 특히 펀드로 투자한 사람 중 상당수는 이익을 얻었을 것이다. 그런데 그때 '투자를 해야 이득이니 빨리 시작하지 않으면 손해'라는 의식은 없을까? 이것은 위험한 생각이다.

펀드의 본질

펀드의 본질은 무엇일까.

펀드는 1868년 영국에서 탄생했다. 공동 투자·분산 투자·전문가 운용이 콘셉트다. 당시 영국은 산업혁명 이후 경제가 정체되어 국내 투자 물량이 적었다. 그런데 유럽 대륙은 경기가 좋았고 신대륙인 미국에서는 철도 건설 붐이 발생해 자금 수요가 왕성했다. 그러다 보니 해외 투자 열기가 높아졌는데 몇 가지 문제점이 있었다.

① 개인의 영세자금으로는 해외 프로젝트에 투자할 수 없다.
② 설령 가능하다 해도 자금이 소액이므로 리스크 회피를 위해 분산 투자할 수 없다.
③ 해외 투자이므로 사정도 잘 모르고 불안하다.

위의 문제점을 해결하기 위해 모두 조금씩 돈을 마련해(공동투자) 어느 정도 규모 있는 자금을 만들어서 리스크를 회피하기 위해 투자처를 분산하고(분산 투자), 상세한 정보와 운용 능력을 지닌 전문가에게 투자 의사 결정을 맡긴다(전문가 운용)는 생각으로 탄생한 것이 펀드다.

따라서 펀드의 본질을 한마디로 말하자면 '혼자서는 할 수 없는 것을 해주는 시스템이자 틀'이라고 할 수 있다.

나도 펀드를 약간 보유하고 있지만 주로 해외 중심으로 투자하는 패시브형(시장 지수 전체와 연동하는 유형)이다. 제2장 6절에서도 설명했는데, 패시브 운용은 개별 종목에 투자하는 것이 아니라 시장 전체에 투자함으로써 시장 평균과 연동하는 것을 목표다. 인덱스형 펀드가 패시브 운용이다. 이에 비해 액티브형은 개별 종목을 선정해 시장 평균보다 좋은 수익을 노리는 유형이다.

내가 패시브형을 매수하는 이유는 혼자서는 글로벌 주식을 전부 살 수 없기 때문이다. 즉 자신은 불가능한 일을 하기 위해 패시브형 펀드를 사고 있다.

그런데 액티브형과 같이 개별종목을 선정해서 투자한다면 나는 펀드를 살 필요성을 느끼지 못한다. 개별 주식투자를 이미 하고 있고 종목을 선택할 시간과 지식이 있기 때문이다. (물론 수익을 낸다는 것과는 별개다.)

따라서 액티브형 펀드를 사는 사람은 '혼자서는 수익을 낼 수 없으므로 다른 사람에게 운용을 맡겨서 수익을 기대한다'라고 판단한 것이다. 이것은 현명한 판단이다. 일상이 바쁜 사람은 도저히 종목을 연구하고 조사할 여유가 없을 것이다. 다만 이 경우도 무조건 남에게 맡기면 득이 된다는 보장이 없다는 사실을 알아야 한다.

스스로 내용을 파악한 뒤 매수해야 한다

여기서 다시 정리해 보자.

펀드의 본질과 존재 이유는 '혼자서는 할 수 없는 일을 하게 하기 위한 시스템이며 그 틀'이다.

패시브형 펀드는 '혼자서는 전 세계 주식에 투자할 수 없기 때문에 펀드라는 시스템을 이용해 그것을 실현하는 것'이며, 액티브형 펀드는 '나 스스로 수익을 낼 종목을 찾을 시간과 지식이 없기 때문에 펀드를 이용해 운용 능력이 있는 사람에게 맡겨 투자하는 것'이다.

양쪽 다 펀드라는 시스템을 이용해 간접 투자하는 것에는 변함이 없다.

하지만 투자하는 것은 자신이며 펀드를 운용사는 당신에게 위탁받아 운용을 대행하고 있다는 사실을 잊어서는 안 된다. 즉 모든 운용 결과의 책임은 운용사가 아니라 운용을 맡긴 당신에게 있다. 따라서 내가 잘 몰라서 맡겼으니 그쪽에서 책임지고 알아서 수익을 내라고 생각하면 안 된다.

당연히 펀드의 구조와 운용비용 수준, 그리고 선별된 종목의 내용과 그 위험성, 특징 등을 파악하고 이해해야만 맡길 수 있다. 운용사는 그것들을 투자자에게 알리기 위해서 계획서를 발행한다.

그런데도 '나는 잘 모르니까 펀드를 사면되겠지'라고 생각하는 사람이 적지 않다. 언론매체와 금융기관도 '빨리 시작하지 않으면 손해'라는 식으로 투자를 권유한다. 자산을 쌓으려면 하루라도 빨리 시작하는 것이 유리하다는 생각은 맞긴 하지만 그보다 더 중요한 것은 자신이 판단하고 이해한 뒤 시작하는 것이다. 2020년만 해도 신종 코로나바이러스 팬데믹으로 인해 일시적으로 전 세계의 주식 시장이 크게 하락한 것을 생생하게 기억한다. 그럴 때 자신이 보유한 펀드의 내용과 특성을 모르는 사람은 불안에 휩싸이게 된다. 따라서 펀드는 꼼꼼하게 뜯어보고 이해한 뒤 사야 한다.

초보자는 펀드부터 하라고?

'초심자는 펀드부터 하라'는 풍조에 나는 강한 거부감을 느낀다. 초보자는 일단 자신의 리스크 허용도를 파악하고 자신이 투자할 주식이나 채권에 대해 최소한도의 지식을 얻는 것부터 시작해야 한다. 물론 공부를 얼마나 많이 해야 하냐는 문제는 있지만 적어도 투자에 관한 기본 지식을 배울 수 있는 책 2~3권 정도는 읽어두어야 한다.

또 최근에는 극히 소액으로 주식투자를 할 수 있다. '미니주'라든가 '쁘띠주'라는 서비스를 시행해 1주 단위로 주식을 사고팔고 할 수 있다. 이런 식으로 주식투자를 체험해 보는 것도 한 방법이다.

투자는 다분히 심리적인 요소가 영향을 준다. 따라서 직접 겪어 보지 않으면 모르는 것도 많다. 그런 의미에서는 아주 소액으로 할 수 있는 투자 체험은 효과가 있다.

다만 이런 소액 주식투자는 수수료가 상대적으로 비싼 편이다. 물론 본격적으로 자산형성을 하려면 수수료 수준은 대단히 중요하지만 몇백 엔이나 몇천 엔 단위로 하는 주식투자로는 본격적인 자산형성의 수단이 되지 못할 것이다. 어디까지나 투자를 공부하는 수업료라고 생각해야 한다. 그렇다면 조금 비싼 수수료도 투자를 공부하는 수업료로 생각하면 그리 비싼 값은 아닐 것이다.

물론 주식에 관심이 없고 번거롭다면 펀드로 투자를 시작해도 되지만, 그런 경우라도 그냥 넘겨버리지 않고 자신이 매입할 투자신탁의 내용을 확인하고 제대로 공부하는 것이 중요하다. 수익과 손실은 모두 본인의 책임이기 때문이다.

2 기준가액은 매수 기준이 되지 않는다

기준가액이 싸지면 산다?

펀드에는 기준가액이라는 것이 있다. 이것은 펀드의 순자산 총액을 총계좌수로 나눈 1계좌당 가격으로 알기 쉽게 말하면 투자신탁의 가격이라고 할 수 있다.

펀드는 여러 가지 주식이나 채권을 조합해 운용하므로 편입된 증권의 가격이 오르내리면서 이 기준가액도 매일 오르내린다. 그런데 사람들은 아무래도 이 기준가액을 오해하는 것 같다.

사람들은 기준가액이 높아지면 비싸다고 생각하고 기준가액이 내려가면 싸다고 생각한다. 더 구체적으로 말하면 '기준가액이 1만 엔 이하면 매수! 2만 엔을 넘으면 비싸서 못 사!'는 식으로 기준가액을 판단 기준으로 삼고 있는 사람이 많다. 그렇지만 이 판단은 큰 잘못이다. 도대체 어디가 잘못됐는지 보자.

기준가액 3만 엔인 펀드와 1만 엔인 펀드 중 어느 쪽을 선택해야 할까?

예를 들어 A라는 펀드와 B라는 펀드가 있는데, A의 기준가액이 3만 엔, B인 기준가액이 1만 엔이라고 하자. 그러면 사람들은 1

만 엔인 B가 더 싸다고 생각하고 3만 엔이나 하는 비싼 A펀드는 도저히 살 수 없다고 판단한다.

그러나 이것은 어불성설이다. 펀드의 기준가액은 출발 당시의 시세 수준에 크게 좌우되기 때문이다. 특히 특정 주가지수[예를 들면 닛케이평균이나 토픽스(TOPIX)]에 연동되는 인덱스형이면 설정 당시의 지수 수준에 좌우되는 것은 당연하며, 펀드 자체의 운용 실력과 거의 상관이 없다.

펀드가 설정될 때의 기준가액은 모두 1만 엔이다. 예를 들어 2009년 말 닛케이평균주가가 리먼브라더스 사태 이후 8,000엔쯤에 A펀드가 출범했다면 그로부터 1년 후 2019년 말 닛케이평균은 당시에 비해 3배 정도 올랐으니 당연히 기준가액이 3만 엔으로 설정된다.

한편 B펀드가 2018년 9월 닛케이평균이 2만 4,000엔 정도로 설정되었다면 2020년 3월 중순에는 닛케이평균이 1만 7,000엔 아래로 떨어졌으니 30% 가까이 떨어진 것이며, 이로 인해 기준가격은 7,000엔 정도가 되었다고 해도 그것은 타당한 수준이다. (도표 9 참조)

앞서 말했듯이 이것은 어느 쪽의 운용이 '좋고 나쁘고'가 아니라 단지 설정되었을 때의 시세 수준에 의해서 변하는 것뿐이다.

따라서 만일 여기서 닛케이평균이 10% 오른다면 양쪽 다 기준

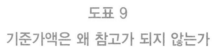

도표 9

기준가액은 왜 참고가 되지 않는가

가격이 10% 오를 것이다. 반대로 닛케이평균이 10% 내리면 똑같이 10% 내린다. 요컨대 어느 쪽을 사도 결과는 거의 변하지 않는다. 그러므로 닛케이평균이 상승할 것으로 생각한다면 어느 쪽을 사도 좋고 하락할 것으로 생각한다면 둘 다 사지 않아야 한다. 즉 판단해야 할 것은 지수인 닛케이평균의 수준이지 펀드의 기준가액이 아니다.

펀드는 많은 주식에 분산투자한 것이므로 그 자체에는 주식과 달리 적정 가치라는 것이 없다.

만일 닛케이평균 지수가 너무 높아서 도저히 살 수 없다고 판단한다면 기준가격과 상관없이 A펀드나 B펀드나 똑같이 높은 셈이므로 둘 다 살 수 없어야 한다.

좀 차분히 생각해 보면 누구나 알 수 있는 일인데도 왜 투자자 중 상당수는 그 사실을 모르고 기준가액을 판단 기준으로 삼을까?

'참조 의존성'과 '휴리스틱'이라는 심리적 함정

여기서도 인간의 사고방식이 정상적인 판단을 방해한다. 앞에서도 말한 '참조 의존성'과 '휴리스틱'이라는 심리가 작용하는 것이다. 참조 의존성은 앞에서도 설명했지만 수치를 평가할 때 절대값이 아닌 다른 값과 비교해 상대평가하는 심리 경향을 말한다. 알기 쉬운 예로 장어집에 들어가 장어 정식을 주문할 때 보통이 2,000엔, 상이 3,000엔, 특상이 4,000엔이라고 하자. 그러면 80% 정도의 사람은 중간값인 3,000엔을 주문한다고 한다. 특상은 너무 비싸지만 보통을 시키면 '모양새가 좀 안 좋다'는 심리가 발동하는 것이다.

원래는 자신이 먹을 수 있는 양이나 호주머니 사정을 생각해서 주문하면 되지만, 현실에서는 다른 수준과 비교해서 상대적인 가격의 위치로 결정해 버리는 경우가 많다.

펀드에서도 같은 카테고리에 속한 여러 펀드의 기준가액이 다른 경우, 무심코 싼 쪽을 선택해 버리는 일이 종종 발생한다.

반면 '휴리스틱'은 찬찬히 논리적으로 생각해 보면 올바른 판단이 아님을 알 수 있는데도 직감이나 경험에 의존해 즉흥적으로 판단함으로써 잘못된 결론을 도출하는 경향을 말한다. 바로 이 심리상태가 펀드를 매수할 때도 일어난다.

1만 엔과 3만 엔이라는 숫자가 눈에 보이자 즉흥적으로 더 싼 상품을 선택하는 것이다.

펀드를 선택하는 3가지 기준

그럼, 기준가액을 판단 기준으로 삼으면 어떤 불상사가 생길까? 투자자는 가격의 절대값에 집착해서 상대적으로 질이 나쁜 쪽을 매입할 가능성이 있다.

이 경우 질이 나쁘다는 것은 ①운용 관리 비용(신탁보수)이 비싸고 ②지수와의 연동률이 높지 않다는 뜻이다.

똑같이 지수에 연동형 펀드라면 기준가액이 아니라 수수료와 연동률을 근거로 선택해야 한다.

심지어 펀드를 판매하는 쪽에서도 이런 오해를 한다. 특히 액티브형 펀드에 이 경향이 두드러진다. 은행과 증권사 등 판매하는 쪽은 아무리 운용성적이 좋은 펀드라도 기준가액이 높으면 비싸게 느껴져 고객이 사지 않는다고 생각하기 때문이다.

고객이 그렇게 느끼기 때문에 팔기 어렵다고 한다면 모를까, 은행 임원 중에는 기준가액이 높은 펀드를 진심으로 '비싸다'고 믿는 사람도 있다고 한다.

그래서 쉽게 판매할 수 있도록 해달라는 판매자 측의 요구에 맞추다 보니 기준가액이 1만 엔에서 시작하는 펀드를 자꾸 신규 설정하게 된다. 하지만 새로 1만 엔으로 설정된 투자신탁을 사는 것이나 현재 기준가액이 3만 엔인 투자신탁을 사는 것이나 같은 유형을 같은 시기에 산다면 아무런 차이가 없다.

일본의 펀드 상품 중 수십 년간 살아남는 장수 펀드가 매우 적고 매년 새로운 펀드가 팔려나가 마구잡이로 수가 늘어나는 풍조는 이런 이유가 있기 때문이 아닐까.

펀드를 선택할 때는 ①투자대상 ②투자기법, ③운용비용과 같은 기본적인 항목을 꼼꼼히 확인하는 것이 중요하다. 그중에서도 운용비용인 운용 관리 비용(신탁보수)과 판매수수료가 특히 중요하다. 또 당초 운용방침에 따라 제대로 운용되고 있는지, 패시브형이라면 벤치마크가 되는 지수 변화와 괴리가 생기진 않았는지 보는 것도 중요하다. 액티브형이라면 흔히 거론되는 5가지 P를 확인하도록 하자.

5가지 P란,

① 필로소피(Philosophy)=투자철학

② 피플(People) 인재

③ 프로세스(Process) 투자 프로세스

④ 포트폴리오(Portfolio)=편입증권 구성

⑤ 퍼포먼스(Performance)=운용성과

이 요소를 제대로 판단한 다음 매수 여부를 결정하는 것이 올바른 방식이다.

매수 여부를 판단하는 기준이 적어도 기준가액이 아닌 것만은 확실하다. 우리 눈에 보이는 기준가액에 현혹되지 않는 것이 중요할 것이다.

3 | 장기 보유 투자자가 손해를 보는 구조

매입 수수료가 없는 것은 반갑지만…

펀드를 사거나 보유할 때 투자자가 직접 부담하는 비용으로는 매입 수수료와 운용 관리 비용이 있다.

매입 수수료란 펀드를 살 때 이 상품을 판매하는 증권사나 은행에 내는 것으로 매입했을 때만 드는 비용이다. 반면 운용 관리 비용은 신탁보수라고도 불리며 펀드 운용을 위탁하거나 재산을 관리하는 운용사나 신탁은행에 지급하며 매입 수수료와 달리 펀드를 보유하는 기간 내내 지속적으로 소요된다.

최근에는 매입 수수료가 없는 펀드도 증가하고 있고 운용 관리 비용 자체도 초기에 비해 저렴해졌다. 이것은 투자자들에게는 좋은 일이다.

그런데 이들 두 가지 비용 외에도 투자자가 직접 부담해야 할 비용으로 신탁재산 유보액이 있다. 사실 이것도 최근에는 없는 상품이 늘고 있다. 투자자로서는 비용이 적게 드는 편이 당연히 좋기 때문에 신탁재산 유보액도 없다고 하면 언뜻 반가운 소식이겠지만 위의 두 가지와 달리 이 비용은 없다고 해서 마냥 좋아할 수만은 없다. 그 이유를 알기 위해서는 신탁재산 유보액의 성격을 먼저 이해할 필요가 있다.

'신탁재산 유보액 없음'이 의미하는 것

신탁재산 유보액이란 무엇일까? 그것은 한마디로 수익자(투자자)가 펀드를 해지할 때 다른 사람을 위해 남겨두는 페널티라는 성격이 있는 비용이다.

펀드는 여러 사람이 돈을 내서 뭉칫돈으로 만들고 전문가가 그 돈을 한꺼번에 운용하는 구조다. 당연히 그 무리에서 나 혼자만 빠져나갈 경우, 즉 환금할 때는 펀드가 갖고 있는 주식이나 채권을 일부 매도해 현금화해야 한다. 그때는 시장에서 매도하게 되므로, 당연히 그에 따라 매매 수수료 등의 비용이 든다. 따라서 매도해서 그 펀드를 빠져나가는 사람들이 그 비용을 부담하도록 하는 것이 신탁재산 유보액이다.

이는 매입 수수료나 운용 관리 비용과는 달리 운용사나 판매사에 지급하는 수수료가 아니다. 해지하는 사람이 남은 사람에게 '미안해요, 저는 먼저 실례하겠습니다. 대신 해지에 드는 비용은 제가 부담할게요'라며 놓고 가는 돈이다. 그런데 신탁재산 유보액이 '없다'는 것은 무엇을 의미할까?

장기 보유자가 빠져나가는 사람의
비용을 부담하는 불합리함

해지할 몫에 드는 비용을 남은 사람이 부담한다는 뜻이다. 그렇다. 나가는 사람이 환금 비용을 부담하지 않는다면 남은 사람의 재산에서 그 비용을 빼는 수밖에 없다. 즉 펀드를 장기로 가져가려는 사람이 단기로 팔아버리는 사람의 비용을 부담하는 좀 불합리한 구조인 것이다.

따라서 신탁재산 유보액은 없는 편이 좋다는 것은 분명히 잘못된 생각이다.

그런데 신탁재산 유보액이 없는 투자신탁이 늘어나고 있다. 이유는 사람들이 그쪽을 선호하기 때문이다. 그럼 왜 없는 상품이 환영받을까? 이것은 비용은 무조건 적어야 좋다는 심리가 작용하기 때문이다.

앞에서 말한 '휴리스틱'의 전형적인 예다.

투자자는 당연히 운용사나 판매사에 지급하는 돈이 적게 드는 상품을 선호한다. 자신의 돈이 업체로 빠져나가기 때문이다. 하지만 유보액만큼은 업체에 지급하는 돈이 아니다.

물론 자기 지분에 해당하는 만큼을 처분할 때는 증권사에 발주를 내는 것이므로 간접적으로는 그쪽에 지급하는 비용이 맞지만 이것은 펀드에 투자하는 사람이 공동으로 부담할 수밖에 없는 비용이다. 따라서 이 비용을 도대체 누가 부담하느냐가 문제다. '있음'은 펀드에서 빠져나가는 사람이 부담하고, '없음'은 나가는 사람 몫까지 남은 사람이 부담한다는 것이니 본래는 '있음'이 타당하다.

'유보액 없음'을 둘러싼 인식과 착각

그런데 앞서 말했듯이 신탁재산 유보액이 없는 펀드가 늘고 있다. 대규모 금융기관이 판매하는 펀드뿐 아니라 중소형운용사의 펀드 직판(직접 판매)도 '없음'이 주류가 되고 있다. 이 같은 추세가 안타깝지만 업체도 그럴 수밖에 없는 이유가 있다. 아무리 정론을 주장해도 투자자들이 착각해서 유보액이 없는 펀드를 선호한다면 다른 회사들이 잇따라 유보액이 없는 펀드를 내놓는 상황에서 자기 쪽만 유보액이 있는 상품을 출시할 수 있을까?

실은 나도 증권사에서 근무하던 시절 비슷한 일을 경험한 적이 있다. 당시 나는 사업주와 함께 확정 거출연금 제도에 편입할 펀드를 선정하는 업무를 했다.

그런데 펀드의 내용을 구체적으로 낱낱이 살펴보면 어느 사업주나 한결같이 신탁재산 유보액이 없었으면 좋겠다고 말했다. '신탁재산 유보액'이 어떤 의미를 갖고 있는지 차분히 설명하면 사업주들은 고개를 끄덕이며 이해했다. 그런데 최종적으로 상품을 결정할 때는 그래도 역시 '없는' 상품이 낫다고 했다. '우리는 그 의미를 이해할 수 있지만 종업원들에게 이해시킬 자신이 없다'는 것이 그 이유였다. 결국 확정 거출 연금 전용 펀드도 신탁재산 유보액이 없는 상품을 늘린 것을 잘 기억하고 있다.

만일 '유보액 없음'이 운용사가 현금화하는 비용을 부담하고 투자자들에게 징수하지 않는다는 의미였다면 투자자에게는 참으로 고마운 일이다. 하지만 그런 일은 있을 수 없고 가능하지도 않다. 물론 어떤 펀드든 일정 수준의 현금을 보유하고 있으며 해지할 사람이 돈을 받을 것이므로 매매비용이 항상 발생하지는 않겠지만 매매비용은 수익자(투자자)로부터 징수해야 한다.

유보액 없음은 빠져나가는 사람이 부담해야 할 비용을 장기 보유하려는 사람에게 부담시킨다는 의미다. 운용사가 장기투자의 중요성을 외치면서 동시에 신탁재산 유보액이 없는 상품을 판매하는 것은 장기 보유자에게 부담을 줘서 낭패를 보게 하는 행위다. 다소 불합리하고 말이 되지 않는 이야기다.

물론 신탁재산 유보액 자체는 일시적인 부담이며 금액으로 따지면 미미한 수준이다. 게다가 이것은 반드시 발생하는 비용을 누가, 어느 시점에서 부담하느냐는 문제이므로 사전에 수익자가 납득하고 있다면 어느 쪽이든 상관없으니 일일이 트집 잡을 필요가 없을지도 모른다. 그렇지만 문제는 금액의 많고 적음이 아니라 어떤 구조로 비용 부담을 하는지 투자자가 제대로 이해하고 있는가이다. 운용사는 이 점을 잘 설명해야 하지 않을까? 투자자가 착각하도록 만들고 비용을 부담시키기 편한 곳에 전가하면 된다는 인식이라면 그야말로 안이한 사고방식이다.

아직도 많은 사람은 펀드라는 상품을 제대로 이해하지 못한다. 운용 내용을 공개하고 그 제도와 구조를 이해할 수 있도록 노력하는 일도 금융기관, 투자자 그리고 우리와 같은 평론가가 함께 해야 하는 일이다.

4 | 타깃 데이트 펀드(TDF)는 쓸데없는 참견

나이에 따라 자산의 비율을 바꾸는 펀드

펀드 중에는 밸런스형 펀드라는 유형이 있다. 주식이나 채권, 해외 상품과 국내 상품 등 다양한 카테고리의 자산을 조합해 투자하는 상품이다. 밸런스형 상품 중 하나로 TDF, 즉 타깃 데이트 펀드(Target Date Fund)가 있다. 다른 밸런스형과 무엇이 다른가하면, 자산의 조합 비율(포트폴리오)을 나이(목표 날짜)에 따라서 자동으로 조정해주는 점이다.

흔히 젊을 때는 위험을 감수할 수 있으므로 주식 비중을 높이고 나이가 들수록 운용 리스크를 감수할 수 있는 정도가 감소하므로 주식 비중을 조금씩 낮추고 채권 비중을 높여야 한다고 한다. TDF는 이 포트폴리오를 알아서 조정해주는 것이 특징이다.

이 타입의 펀드는 미국에서 '401(k) 플랜'이라는 확정 거출 연금에도 많이 채택되며 최근에는 일본의 확정 거출 연금에도 채택되는 사례가 늘고 있다. 이 유형이 왜 좋은가 하면 확정 거출연금 가입자처럼 자산운용 경험이 없거나 그에 관한 지식이 별로 없는 사람이 많은 경우, 그런 사람들에게는 '생애주기에 맞춰 자산 편입 비율을 자동으로 조정해주는' 것은 간편하고 편리한 구조로 여겨지기 때문이다.

그러나 나는 나이에 따라 포트폴리오를 바꾸는 것이 반드시 옳지는 않다고 생각한다.

리스크 허용도를 나이로만 판단하면 안 된다

주식 등과 같은 리스크 자산에 배분하는 비율을 결정하는 기준은 나이가 아니라 그 사람의 리스크 허용도이다. 금융자산을 많이 보유한 사람은 적게 가진 사람에 비하면 리스크 허용도가 높을 것이다. 그렇다면 일반적으로 젊은 사람보다 나이가 많은 사람이 금융자산을 많이 보유하고 있으므로 오히려 나이가 많은 사람이 리스크를 더 크게 감수할 수 있다는 말이 된다.

젊은 사람은 리스크를 크게 감수해도 된다고 생각하는 것은 그들은 '오랫동안 일할 수 있다'는 점에 근거한 인적자본, 즉 돈을 버는 능력의 가치가 높기 때문이다. 다시 말해 젊은 사람의 리스크 허용도가 큰 이유는 실패해도 회복할 시간이 충분히 있다는 점뿐이다. 즉 금융자산에서 손실이 발생해도 그것을 메꿀만한 인적자본을 갖고 있다는 것이지, 나이와 적절한 포트폴리오는 아무 상관관계가 없다.

또 그 사람이 생애주기와 시장 변화도 아무 상관이 없다. 나이

(목표 날짜)에 따라 자동으로 자산 배분 비율을 결정하면 수익을 얻을 기회를 놓칠 수도 있다.

예를 들어보자.

가령 대학을 졸업하고 회사에 들어가 확정 거출 연금 제도에 가입해서 TDF(타깃 데이트 펀드)에 납입한다고 하자. 나이가 어리므로 TDF의 포트폴리오에는 주식 비중이 상당히 클 것이다. 그런데 입사했을 때 주가가 고점을 찍고 그 뒤 침체기가 이어진다면 어떻게 될까?

오랫동안 주가가 기어가는 상태이니 당연히 자산이 불어나지 않을 것이다. 그리고 나이가 들어감에 따라 주식 비율이 낮아지는데, 그때부터 주가가 상승추세로 바뀌었다면 어떻게 될까? 이 만저만 타격이 아닐 것이다. 즉 나이=리스크 허용도의 기준을 절대시하는 것은 위험한 생각이다.

왜 TDF는 인기가 많은가

그렇다면 왜 미국에서는 TDF 가입자가 늘어났을까? 이것을 알려면 먼저 넛지(Nudge)라는 개념을 이해해야 한다.

넛지는 팔꿈치로 찍는다, 등을 떠민다 등의 의미로 인간은 그냥 두면 불합리한 행동을 하기 쉬우므로 올바른 방향으로 갈 수 있도록 시스템을 짜서 자연스럽게 유도한다는 생각을 나타낸 말이다.

2017년, 노벨경제학상을 수상한 시카고대학 경영대학원 리처드 탈러(Richard H.Thaler) 교수가 제창한 이론이며 다양한 분야에서 이 개념이 적용된다.

예를 들어 대학 카페테리아에서 학생에게 건강한 식사를 유도하기 위해 채소를 많이 먹이고 싶다면, 음식을 배식하는 순서를 바꾸어 가장 처음에 샐러드 코너를 마련하면 된다. 배가 고픈 학생들은 맨 처음 샐러드를 많이 섭취해 자연스럽게 건강한 식사를 하게 되기 때문이다.

억지로 강요하지 않고 자연스럽게 유도하여 긍정적인 결과로 이끌어간다는 개념이다.

이와같이 인간의 행동을 어떤 특정한 방향으로 유도하기 위해서 표시하는 방법이나 규칙을 바꾸는 방식은 우리 일상에서도 자주 쓰인다.

미국에서 401(k) 플랜을 시작한 것은 1970년대가 끝날 무렵이다. 그로부터 오랜 기간이 지났지만, 아무리 투자 교육을 해도 스스로 운용하지 않거나 못하는 사람들이 언제나 일정 비율 존재했다. 그래서 넛지 이론에 따라 자동으로 자산 배분을 조정하는 상품을 제공하는 것이 가입자에게 도움이 될 것이라는 이유로 2000년대에 들어섰을 무렵부터 미국에서 TDF가 채택되었다. 상품을 제공하는 업체의 기대감(수수료율이 비교적 높음)도 이 상품이 확산하는 데 한몫했을 것이다.

다만 미국의 401(k) 플랜 중 TDF가 증가한 것은 사실이지만 그보다는 401(k) 플랜에 가입하는 사람들이 증가하고 있다. 이 사람들이 다 TDF에 가입하는 것은 아니다. 원래 일본과는 달리 미국의 확정 거출 연금은 임의 가입 제도였다. 그런데 2006년 법률이 개정되면서 가입 구조가 바뀌었다. 기존에는 가입을 원하는 사람이 신청하는 옵트인(Opt-in) 방식이었지만 2006년 이후에는 제도를 도입한 뒤 가입을 원하지 않는 사람이 따로 신청하는 옵트 아웃(Opt-out) 방식으로 바뀌었다. 이것도 어떻게 보면 행동경제학 지식을 활용한 방법이며 이로 인해 가입자가 크게 증가했다.

여러분도 알다시피 미국의 시장경제는 1990년대 이후 계속 호조를 보였다. 이점도 연금제도가 확대된 이유 중 큰 부분을 차지할 것이다.

얼핏 친절해 보이지만 쓸데없는 참견인 상품

TDF 같은 상품은 본인이 스스로 운용하고 싶지 않고 번거로워하는 사람에게는 효과가 있다고 하지만 나는 좀 다르게 생각한다. 직접 운용하진 않더라도 기본적인 내용은 알고 있어야 한다. 기본적인 내용이란 리스크가 있는 상품에 내 돈을 투자할 경우 최소한 알아야 할 것들이다. 그게 싫다면 투자를 하지 않는 것이 좋다.

조금씩 경험을 쌓아가며 공부해야 할 젊은 시절에 남에게 일임하는 유형의 펀드에 돈을 넣고 실패도 겪어보지 않고 배움도 없는 채로 나이를 먹으면 회사에서 나와 퇴직금을 받았을 때 잘 모르는 상품에 투자해 버리는 최악의 패턴에 빠질 수도 있기 때문이다.

TDF는 언뜻 보면 매우 친절해 보이지만 젊은 사람이 자산운용에 대해 배울 기회를 잃게 하는 '쓸데없는 참견형' 상품이라고 할 수 있다. 그리고 참견의 대가로 인덱스형 같은 단순한 구조의 펀드에 비해 수수료가 비싸다는 점도 간과할 수 없다. 금융기관이 TDF를 권하는 중요 이유가 여기에 있다.

또 금융기관으로서는 확정 거출 연금으로 가입자가 일단 이 상품을 들면 대부분 퇴직 시까지 자사 상품에 돈을 묶어놓을 수 있는 이점도 있다. 그런 의미에서 금융기관에게 TDF는 장기간 비싼 수수료를 계속 받을 수 있는 지극히 편리한 상품이다. 하지만 그것이 반드시 가입자에게도 좋다고 단정할 수는 없다.

편리함과 합리성은 반드시 일치하진 않는다는 점을 알아두자.

5 | 사면 안 되는 테마형 펀드

AI, 올림픽, SDGs…
테마형 펀드는 왜 커지지 않는가

액티브형 펀드 중에는 '테마형 펀드'라는 상품이 있다. 예를 들어 AI, 핀테크, 사회공헌, 올림픽 같은 다양한 주제를 통해 특정 업계나 기업에 투자하는 것이다. 즉 이 상품의 내용은 그 시기의 유행을 탄다.

실은 테마형 펀드는 어제 그제 시작한 것이 아니라 예전부터 있어 왔다. 하지만 과거 이런 상품은 상당수가 단명했다. 예를 들어 1984년경, 바이오붐이 일어나 바이오주에 투자하는 펀드가 많이 나왔고, 그 후 1985~86년에는 멀티미디어 펀드라는 것이 등장해 전자업계와 통신관련주를 대상으로 투자하는 펀드가 여럿 나왔다. 그러나 멀티미디어라는 말은 벌써 예전에 사어(死語)가 되었다.

실제로 테마형 펀드는 지금도 내용을 바꿔가며 출시되고 있지만, 장기간에 걸쳐 규모가 꾸준히 늘어난 상품은 거의 없다.

과거에 여러 실패 사례가 있었는데 왜 여전히 테마형 펀드가 출시될까? 그 점을 살펴보면 테마형 펀드가 생기는 배경과 이 상품들이 장기투자하기에 적절치 않은 이유를 알 수 있을 것이다.

① 테마형 펀드는 합리적인 투자 방법이 아니다

펀드는 여러 개의 유가증권에 분산투자하는 것이다. 주식형 펀드의 경우 여러 기업의 주식에 투자한다. 펀드에는 인덱스형과 액티브형이 있다고 앞에서도 말했는데, 인덱스형은 지수 연동을 목표로 하므로 매우 단순한 구조를 띠지만 액티브형은 어떤 투자대상에 투자하는가가 중요하다. 대형주인지 소형주인지 혹은 저평가주를 중심으로 선택하는 가치투자 타입인지, 아니면 성장성을 중시해 종목을 선정하는 성장주 투자 타입인지 살펴봐야 한다.

따라서 테마형 펀드는 인덱스형이 아니고 특정한 테마에 속하는 종목을 펀드 매니저가 선별하는 액티브형이다.

그런데 액티브형은 펀드 매니저가 독자적인 방침으로 운용하는 상품이 많지만, 그것은 투자 기준을 명확히 한다는 것이지 모집단을 좁힌다는 의미는 아니다. 업종이나 규모가 아니라 중장기적 관점에서 이익을 계속 낼 수 있는 구조인지 여부를 기준으로 선별해야 한다. 수많은 상장 종목 중에서 그런 종목을 고르는 것이 중요하고, 고르는 대상의 모집단이 클수록 좋은 종목을 발굴할 가능성이 당연히 커진다.

그러므로 테마형 펀드처럼 투자대상을 모집단을 선정하는 단계에서부터 좁히는 것은 어떻게 생각해도 합리적인 투자 방법이라고 할 수 없다.

② 알기 쉬운 상품이 곧 수익을 내는 상품은 아니다

그럼에도 왜 사람들은 테마형 펀드를 사려고 할까? 그 이유는 '알기 쉽고' '팔기 쉬운' 데에 있다. 가장 큰 이유는 뭐니 뭐니 해도 알기 쉽다는 점이다. AI와 DX(데지털 트랜스포메이션), 5G와 같은 테마는 TV나 뉴스에서 자주 다루어지므로 펀드에 관해 전혀 모르는 사람도 친근함을 느낀다. 이점은 판매자 측에서도 설명하기 쉽고 팔기 쉽다는 장점이 된다.

다만 아무리 용어를 들은 적이 있거나 잘 알고 있다 해도 그 종목들이 반드시 상승한다는 보장은 없다. 즉 '알기 쉬운 것'과 '수익을 내는 것'은 별개인 것이다.

이 장의 2절에서 설명한 봐와 같이 '휴리스틱' 중 가용성 휴리스틱(Availability heuristic)이라는 심리 현상이 있다. 펀드를 선택할 때도 가용성 휴리스틱이 영향을 미친다. 이것은 머릿속에 잘 떠오를 만큼 친근하거나 이해하기 쉬운 것을 좋게 평가하는 경향이다.

즉 펀드를 선택할 때 내가 알고 있는 것, 요즘 화제가 되는 것은 주가가 상승할 확률이 높아 보인다.

테마형 펀드에 적용시키면 '주식을 잘 모르지만, 지금은 AI와 5G 붐이고 여기저기서 로봇도 등장하니까 그와 관련된 업체는 앞으로 반드시 주목받을 것'이라고 생각한다. 이런 식으로 누구라도 상기하기 쉬운 내용과 관련된 주식은 막연히 주가가 오를 것이라고 느낀다.

③ 이미 주가가 오른 상태가 많다

그런데 일반적으로는 TV 뉴스나 화제로 거론되는 내용은 이미 주식 시장에서 상당한 관심을 끌고 있으므로 이미 주가가 꽤 오른 경우가 많다.

'앞으로의 중요한 테마다!'

'장기적으로 성장할 분야다!'

그 생각이 맞을 수도 있겠지만 주식 시장은 당장 이익이 나지 않아도 단기적으로 미래의 수익을 당겨서 주가에 반영하는 경향이 있다. 이른바 관련 테마의 종목은 실은 옥석이 뒤섞인 상태이지만 주가가 동반 상승하는 현상이 벌어지는 것이다.

따라서 테마형 펀드가 설정됐을 때는 투자대상 종목이 이미 고공행진 중일 수 있다.

내가 증권사에서 10년 가까이 일하면서 겪었던 일들을 돌이켜봐도 어떤 주제가 대세일 때 설정된 테마형 펀드의 상당 부분은 그 후 비참한 결말을 맞았다.

장기투자자에게 테마형 펀드는 적합하지 않다

다만 테마형 펀드는 단기적으로는 득이 될 가능성도 있다. 주가
가 높은 것은 그만큼 주가 움직임이 크다는 뜻이므로 설정한 지
얼마 안 되어 잠깐 급등할 수도 있기 때문이다. 그렇게 되면 단번
에 인기가 높아져 한층 더 팔린다.

판매하는 측도 당연히 그 상품을 강하게 권유하겠지만 그때
사는 것은 리스크가 크다. 만약 테마형 펀드를 이미 샀다면 급등
국면에서 매도하는 편이 무난하다.

앞서 말했듯이 내 경험상 지금까지 설정된 테마형 펀드의 추이
를 보면 펀드 규모가 장기적으로 커질 것이라고 절대 예상할 수
없기 때문이다.

주식은 그 회사가 매우 뛰어난 비즈니스 모델을 갖고 있거나
획기적인 신상품, 신약 개발이 예상되는 경우에는 당장 실적이
수반되지 않아도 앞날에 대한 기대감으로 상승하는 경우가 많
다. 이것이 이른바 '기대감에 의한 매수' 국면이다.

그 후엔 실적이 수반되지 않아 한동안 주가가 부진했다가 그
후 실제로 이익이 나고 실적이 따라오면 다시 주가가 오르는 일
도 많다.

예를 들어 소프트뱅크 그룹이 2000년 전후에 주가가 3만 엔
이상을 기록한 것은 '기대감에 의한 매수' 국면이었다. 이후 주가

가 큰 폭으로 하락하면서 잠시 주춤했으나 이후 진행한 휴대전화 사업을 중심으로 꾸준히 현금흐름을 창출하는 기업이 되면서 다시 주가가 상승했다. 이는 기대감에 의한 매수에서 실적을 근거로 한 매수로 이행한 좋은 예라고 할 수 있다.

테마형 펀드도 정말 확실히 장기적 상승을 예상하는 테마라면 장기투자용으로 사 두는 것도 나쁘지 않다. 하지만 그 경우에도 기대감으로 한창 분위기가 고조되어서 주가가 급등했을 때 살 필요는 없다. 분위기가 식어서 일단 주가가 내렸을 때 사면된다.

결론적으로 장기적인 자산형성을 목표로 하는 일반 투자자는 단기적인 인기에 좌우되는 테마형 펀드는 사지 않는 것이 현명하다. 유행하는 것에 달려들면 좋은 결과가 나지 않는 것은 투자에도 적용되는 진실이다.

6 | 월지급식 펀드를 사는 사람의 착각

월지급식 펀드가 최악의 상품은 아니다

분배금을 받을 수 있는 펀드는 예전부터 인기가 있는 편이다. 특히 월지급식(매월분배형) 상품은 연금 수급자 등의 고령층에게 꾸준한 인기를 끌고 있다. 일반사단법인 펀드협회가 2021년 3월 발표한 〈60세 이상의 펀드 등에 관한 설문조사〉 결과를 봐도 60세 이상인 사람이 현재 보유한 펀드 종류를 보면, '매월·격월분배형 펀드'가 53.4%로 가장 많았다.

기본적으로 이러한 지급식 펀드가 인기를 끄는 이유는 일본의 경우 공적 연금이 짝수달에 지급되므로(격월) 홀수달에도 분배금을 받아 매달 현금 흐름을 안정시키려는 고령층의 희망 사항 때문일 것이다. 일반적으로 펀드에 투자해 자산을 늘리려면 분배형보다 무분배형이 유리하므로 개중에는 '월지급식 펀드 같은 상품은 최악'이라고 못마땅해 하는 사람도 있다. 일본 금융청도 월지급식 상품은 장기 자산형성에 적합하지 않다고 보며 실제로 '적립 니사(NISA)'에는 이런 타입의 펀드가 없다.

그렇다고는 해도 연금으로 생활하는 사람처럼 짝수달밖에 수입이 없는 경우, 이렇게 해서 매월 분배금을 받을 수 있는 것은 현금흐름에 도움이 되므로 나는 일정한 수요가 있다면 그런 상품도 나쁘지 않다고 생각한다.

그런데 실제로 펀드의 분배금을 지급받는 고령자 중 상당수는 이 분배금에 대해 크게 오해하는 것 같다. 나는 그 점이 이 상품의 최대 문제점이 아닐까 생각한다.

분배금은 은행 이자 같은 것이라는 착각

어떤 점을 오해한다는 걸까? 펀드 분배금을 은행 예금 이자와 같은 것으로 여기는 점이다. 사실 그 두 가지는 전혀 다르다. 아니, 둘의 성질은 정반대다. 한마디로 은행 예금 이자는 은행이 주는 것이지만 펀드의 분배금은 자신의 돈에서 빠져나가는 것이다. 지급되는 자원이 은행의 돈인 것과 자신의 돈인 것은 크게 차이가 난다. 이에 관해 좀더 자세히 살펴보자.

우리는 은행에 예금할 때 '돈을 맡긴다'고 표현한다. 하지만 사실은 그렇지 않다. 엄밀히 말해 예금자는 은행에 '돈을 빌려준' 것이다. 예금자에게 빌린 돈은 일단 은행 소유가 된다. 사실 예금은 은행 재무제표로 보면 오른쪽이 자본, 그것도 타인 자본인 부채로 분류된다. 그렇게 해서 예금자로부터 조달한 자금을 대출해주면 재무제표의 왼쪽인 자산으로 그 돈이 이동한다. 즉 은행은 예금자에게서 빌린 돈을 자신이 리스크를 안고 다른 곳에 대출해줘서 이익을 낸다.

누구나 알다시피 이것이 은행의 비즈니스다.

'자신의 리스크'라고 표현한 이유는 만일 빌려준 곳이 파산해 회수하지 못하게 되면 은행이 그 손실을 그대로 안아야 하기 때문이다. 예금자에게는 약속한 금리와 원금을 상환해야 한다. 이것을 뒤집어 보면 상당히 높은 금리로 대출을 해주어서 돈을 무사히 회수해도 예금자에게는 정해진 금리만 주면 된다. 그로써 은행은 수익을 크게 낼 수 있다.

리스크를 짊어진다는 건 이런 것이다. 은행은 리스크를 감수하기 때문에 수익을 증대할 수 있다.

반면 펀드의 경우, 리스크를 감수하는 것은 투자자 자신이다. 이것은 예금과 달리 돈을 운용 회사에 빌려주는 게 아니라 운용을 맡기고 있을 뿐이다. 즉 투자자는 운용 회사에 일정한 수수료를 지급하고 그 돈의 운용을 위탁한 것이다.

두말할 필요도 없이 이익이 나든 손해가 나든 상관없이 운용결과는 운용사가 아닌 투자자에게 고스란히 귀속된다. 즉 투자가가 리스크를 지는 것이다.

따라서 펀드 분배금이란 그렇게 맡기고 운용을 위탁하고 있는 돈에서 일부를 쪼개서 현금으로 받는 성격이다. 다시 말해 그 분배금은 전부 자기 돈이다.

펀드가 이익이 난 상태에서 분배금이 지급되면 그 돈은 이익의 일부에서 나온다. 이것을 '보통분배금'이라고 한다. 그런데 이익이 나지 않아도 원금을 깨서 분배금이 지급되는 일이 있다. 과거에는 '특별분배금'이라고 불렀지만 어감이 오해의 소지가 있다는 이유로 지금은 '원금환불금'으로 불린다.

이익을 분배하는 것이 아니라 원본을 깨고 있으니 이 용어가 타당하다. 아무튼 그 자원은 자기 돈임에는 변함이 없다.

펀드 분배금을 받지 않는 것이 좋은 이유

그럼, 왜 월지급식(매월분배형)은 별로 좋은 상품이 아니라고 말하는 것일까. 이유는 세 가지를 들 수 있다.

① 운용자산이 줄어든다

분배금을 받으면 그만큼 펀드에서 돈이 유출되므로 전체 운용자산 규모가 줄어든다. 운용사 측에서 보면 자금이 감소하는 것이므로 별로 바람직하지 않다.

② 과세된다

현금으로 지급된 금액에 대해 니사(NISA) 등의 제도를 사용하지 않는다면 20% 세금이 든다. 다만 앞서 말한 '원금 환불'일 때는 세금이 들지 않는다. 이것은 이익이 나지 않았고 원금을 헐어서 나온 돈이므로 당연하다. 따라서 당장 돈을 쓸 생각이 없다면 굳이 20%의 세금을 떼기보다 무분배형으로 해놓고 운용하면서 늘어난 돈을 재투자해야 효율적으로 수익을 낼 수 있다. 흥미롭게도 받은 분배금을 어디에 쓰냐는 설문조사 결과를 보면 그 돈으로 또 같은 펀드를 산다는 사람이 어느 정도 있다고 한다. 그렇다면 분배금을 받는 의미가 전혀 없다. 세금만큼 손해를 보고 있을 뿐이다.

③ 받으면 써 버린다

분배금이 들어오면 그 돈을 쓰게 된다. 물론 고령층은 자신의 자산을 빼내서 써야 할 수도 있다. 하지만 젊은 세대이고 지금부터 자산형성을 하려는 사람이라면 늘어난 돈을 쓰지 않고 그 돈을 재투자해야 복리 효과를 얻을 수 있다. 그러므로 펀드로 이익이 나도 분배금을 받지 않는 것이 좋다.

분배금의 의미를 잘 생각한 후에 매수해야

또 분배금이 지급되면 그만큼 펀드 가격(=기준가격)이 떨어진다. 당연한 일이다. 1만 엔인 펀드가 1만 2,000엔으로 오르고, 거기에서 1,000엔의 분배금이 나오면 1만 1,000엔이 되기 때문이다.

그런데 앞서 펀드협회가 2019년 3월 발표한 조사 자료에 따르면 펀드를 보유한 사람들을 대상으로 분배금에 대한 특징을 얼마나 아는지 설문조사를 했더니, 분배금이 지급되면 기준가액이 내려간다는 사실을 안다는 응답 비율은 고작 32.8%로 나타났다.

즉 분배금의 자원이 자신의 돈인 줄 모르는 사람이 70%나 된다는 말이다. 이는 많은 투자자가 은행 예금 이자와 펀드의 분배금을 같은 성질이라고 생각하는 데서 기인하는 오해다. 분배금이 자기 돈이라는 것을 정확히 안다면 분배금이 지급되는 만큼 당연히 기준가액이 떨어진다는 점을 이해할 수 있을 것이다. 이것을 이해하지 못하는 상황이니 월지급식 펀드를 놓고 금융기관을 상대로 소송이 벌어지는 게 아닐까.

또 다른 시점에서 보면 은행 예금의 이자는 앞서 말했듯이 은행이 벌어들인 이익에서 지급된다. 극단적으로 말하면 예금 금리가 오른다는 것은 은행이 자신의 이익을 줄이고 그만큼 예금자의 몫을 늘려준다는 뜻이다. 그러니 이 경우는 마음껏 좋아해도 된다.

그런데 펀드의 분배금은 비록 증가한다 해도 자신의 돈을 두는 장소가 바뀌는 것뿐이다. 오히려 분배금이 지급되면 세금이 징수되므로 정기적인 현금 흐름이 꼭 필요하지 않다면 월지급식(매월 분배형)에 가입하지 않는 편이 좋을 것이다.

월지급식 펀드의 최대 문제는 그 상품의 구조를 가입자가 이해하지 못하고 산다는 점이다.

투자할 때 가장 해서는 안 되는 것은 '잘 모르는 상품에 투자하는' 것이다. 분배형이든 무분배형이든 상품의 본질을 제대로 이해하고 투자하도록 하자.

7 | 초보자용 상품은 따로 없다

초보자용 상품이라니… 대체 무슨 말이야?

금융기관이 판매하는 상품 중에는 '투자 초보자용'이라고 하는 구절이 있다. 그러나 잘 생각해 보자. 금융상품 중 정말로 초보자용이 있을까?

주식이건 채권이건 초보자만 참여하는 시장은 존재하지 않는다. 시장은 언제나 누구라도 자유롭게 참여할 수 있으므로 전문가도 일반인도 그리고 투자 초보자도 모두 같은 시장에서 거래한다. 초보자라고 해서 어떤 핸디캡을 받는 것이 아니다. 그러므로 시장에서 운용하는 금융상품에는 본래 초보자를 위한 상품이라는 게 있을 수 없다. 이건 다른 상품을 생각해 보면 알 수 있다.

예를 들면 초보자용 자동차가 따로 있을까? 당연히 있을 리가 없다. 물론 자동차를 운전하려면 초보자가 조심해야 할 점과 꼭 알아둬야 하는 사항은 있다. 투자도 마찬가지다. 초보자로서 주의해야 할 점은 분명히 있지만 '초보자를 위한 상품'이라는 것은 존재하지 않는다.

그런데도 투자 초보자용 상품이라는 식의 문구가 눈에 띈다. 특히 '투자초보자=리스크를 크게 안고 싶지 않은 사람'으로 정의

했는지 '손실한정형 펀드상품'이 출시되고 있다. 지금까지는 매출이 제법 늘었다. 이 상품은 투자 초보자는 반드시 가격 변동 리스크를 두려워할 것이므로 손실을 한정하는 타입의 펀드를 팔면 인기가 있을 거라고 생각에서 출시된 것이다. 그러나 '초보자=리스크를 크게 안고 싶지 않은 사람'이라고 단정 짓는 것은 잘못이다. 리스크 허용도는 초보자냐 베테랑이냐와 상관없이 개개인에 따라 다르기 때문이다.

리스크 관리는 그리 어렵지 않다

물론 투자할 때 가장 중요한 것은 리스크 관리다. 그런데 리스크 관리는 누구나 쉽게 할 수 있다. 자신의 보유 자산 중에서 주식이나 펀드 등 리스크 자산 비중을 어느 정도로 가져갈지 결정하기만 하면 된다.

미국의 경제학자 제임스 토빈(James Tobin)은 분리정리 (Separation Theorem)라는 자산운용 이론을 창시했다. '리스크 허용도가 높은 사람이나 낮은 사람이나 리스크 자산의 포트폴리오 내용은 동일해도 되며, 리스크의 정도는 안전 자산의 비중을 어느 정도 가져가느냐로 조정하면 된다'는 내용이다. 실로 단순하고 알기 쉬운 생각이다. 여러 개의 주식이나 채권을 조합할 경우, 가장 높은 수익을 기대할 수 있는 조합(포트폴리오)은 단 하나밖에 없다. 따라서 자신의 리스크 허용도(자신이 어느 정도 리스크를 취할 수 있는가)에 따라 리스크가 있는 자산과 없는 자산(예금이나 현금)의 비율을 정하면 된다.

즉 리스크를 통제하는 데 중요한 것은 전체 자산 중 리스크 자산의 비율을 어느 정도로 가져가느냐이며, 초보자를 위한 포트폴리오 같은 것은 존재하지 않는다.

리스크 허용도가 낮지만 그래도 투자하고 싶다면 자신의 전체 자산운용 중 위험상품의 비중을 적게 잡고 나머지는 정기예금 등 가격 변동이 없는 상품을 선택하면 된다. 전혀 리스크를 감수하고 싶지 않으면 애초에 투자하지 않는 것이 좋으며, 약간의 리스크는 감수할 생각이 있다면 금융자산 중 10~20%를 위험자산으로 돌리면 된다.

비싼 수수료를 내기보다는 직접 펀드를 만들어라

그런데도 세상에는 투자 초보자용이라고 홍보하는 '손실 한정형'이라든가 '리스크 한정형' 같은 상품이 속속 나온다.

어떤 리스크 한정형 펀드의 내용을 보면 전체 자산 배분 중 주식이 약 10%이고 나머지는 단기 금융상품이다. 그 펀드의 신탁보수(운용 관리 비용)는 0.8%를 웃돈다. 만약 이 상품을 100만 엔에 사면 매년 수수료를 8,000엔 넘게 내야 한다.

그런데 그 100만 엔 중 10만 엔만 국내 또는 해외의 인덱스 상

품을 매수하고 나머지 90만 엔을 예금에 넣어두면 어떨까. 비용
을 따져보면 후자의 경우 수수료가 0.2% 이하인 저비용 구조의
인덱스 상품도 많이 있다. 즉 10만 엔의 0.2%이므로 운용 관리
비용으로 200엔 정도 내면 된다. 리스크 한정형 펀드와 동일한
효과를 얻을 수 있는데 수수료는 10분의 1 수준이다.

　물론 운용 실적은 주식 부분의 운용 여하에 달려 있으므로 무
조건 인덱스형 펀드가 좋다고 말할 수는 없다.

　그렇지만 비용면에서 볼 때는 비용이 적은 쪽을 선택하는 것
이 현명하다.

　이것은 확정 거출 연금 상품을 선택할 때도 적용된다. '어떻게
운용해야 할지 잘 모르는 사람에게는 리스크가 낮은 상품이 적
합하다'며 리스크 한정형 펀드를 제공하는 곳도 있지만, 그렇게
수수료가 비싼 상품을 매수할 정도라면 앞에서 설명한 대로 스
스로 주식 비중을 조정하면 되는 것이다. 이런 방법을 가르치는
것이 투자 교육이 아닐까.

초보자용 상품은 금융기관의 편의에 따른 산물

방금 나온 토빈의 분리정리는 최적의 포트폴리오는 하나밖에 없
고 나머지는 그 내용과 무위험 자산의 비율만 정하면 된다는 단
순한 이론이다. 그렇다면 여기서 말하는 최적의 포트폴리오란 무
엇일까? 나는 글로벌 시장 전체를 각각의 시가총액 비율로 구성

하는 포트폴리오가 가장 합리적이라고 생각한다. 이른바 글로벌 패시브 운용(시장 연동형)이다.

세계에는 성장하는 시장도 있고 정체하거나 쇠퇴하는 시장도 있지만, 그게 어디인지 미리 알 수는 없다. 그러나 세계 인구가 증가하고 인간이 경제 활동을 영위하는 한, 전체적으로는 틀림없이 성장할 것이다. 따라서 시장 전체를 사는(전 세계) 것이 합리적인 포트폴리오라고 생각한다.

즉 초보자와 베테랑 여부가 아니라 자신이 어느 정도의 리스크를 감당할 수 있는가에 따라서 펀드와 예금 등의 비율을 정해 두면 될 뿐이다. 아주 단순한 방법이지만 원래 진실은 단순한 것에 있다. 특히 금융상품은 구조가 단순해야 비용도 저렴하고 내용을 쉽게 이해할 수 있다.

결국 초보자용 상품이라며 금융기관에서 권유하는 것은 그쪽이 수수료가 더 높으므로 수익 증대를 노릴 수 있기 때문이다. 앞에서도 말했듯이 그런 금융기관을 비난하는 것은 무의미하다. 그들 역시 주주들에게서 수익을 증대하라는 기대를 받고 있으므로 당연히 수익성이 높은 상품을 팔려 하는 것이다. 그렇지만 투자자는 그 상품을 살지 말지 판단할 권리가 있다.

초보자용 상품이라는 말에 넘어가 이성적으로 생각하면 적절하지 않은 상품을 사는 일이 없도록 하자.

column.4

인덱스 투자와 패시브 운용은 어떻게 다른가

펀드에는 인덱스형과 액티브형이 있는데, 인덱스 투자는 종종 패시브 운용이라는 말로도 불린다. 이 둘은 비슷하지만 미묘하게 다르다. 금융 기관의 설명서를 봐도 애매하게 설명되어 있는 경우가 많은데, 어떤 차이점이 있는지 알아두자.

엄밀히 말해 인덱스 투자는 '특정 지수에 연동하는 것이 목표'인데 비해 패시브 운용은 '시장 전체에 연동하는 것이 목표'라는 미묘한 차이가 있다. 예를 들면 '닛케이평균'은 일본 주식 시장의 지수이지만 도쿄증권 1부에 상장된 약 2천 개가 넘는 종목 중 225종목의 평균을 낸 지수다. 뉴욕 다우 지수도 불과 30종목의 평균주가를 나타낸다. 따라서 닛케이평균이나 NY 다우에 연동하는 것은 인덱스 투자이지만 반드시 시장 전체에 연동하는 패시브 운용이라고 할 수는 없다.

닛케이평균은 종목 수가 적기 때문에 값이 싼 주식의 영향을 강하게 받는 경향이 있다는 말도 있다. 예를 들면 닛케이평균이 3만 엔에 도달한 2021년 2월 2일을 보면 하루에 564엔이 상승했다. 그런데 자세히 들여다보면 상승한 상위 10개 종목이 상승분의 65%를 차지하고 있었고, 그중에서도 퍼스트 리테일링과 소프트뱅크 그룹이 33%, 즉 단 두 종목의 주가 상승이 전체의 3분의 1을 차지해 지수를 밀어 올렸다. 극단적으로 말하자면 닛케이평균 인덱스형 펀드에만 투자하는 것은 225종목에 투자하는 '액티브 투자'라고 말할 수 있지 않을까?

그럼 진정한 의미에서의 패시브 운용이란 무엇일까?

전 세계 시장의 각각의 시가총액 비율에 따라 투자하는 혹은 GDP와 같은 경제 규모에 맞추어 투자하는 것이다. 최근 펀드에는 그렇게 할 수 있는 패시브형 펀드도 판매되고 있다.

제5장

채권, 외화,
보험에도 존재하는
착각들

1   채권은 주식보다 리스크가 낮다는 착각

'원금 보존'은 '원금 보장'이 아니다

확정 거출 연금에 가입한 사람은 기업형과 개인형을 합치면 천만 명(943만 명)에 육박한다. (2021년 3월말 기준) 확정 거출 연금은 대부분 펀드로 운용된다고 생각하기 쉽지만, 가입자의 자산 기준으로 보면 펀드 잔고는 70% 정도다. 나머지는 '원금 보존 상품'으로 되어 있는데, 이것은 정기예금과 보험상품을 총칭하는 말이다.

　원금 보존이라는 생소한 용어가 튀어나오는데, 원금 보존과 원금 보장은 무엇이 다른지 갸우뚱할 것이다. 이 둘은 얼핏 비슷해 보이지만 실은 약간 다르다.

　정기예금은 언제 해약해도 원금은 건질 수 있다는 의미로 '원금 보장'이라고 불린다. 보험상품의 경우 만기 전에 해지하면 원금손상이 될 수 있으나 만기까지 보유하면 원금이 반드시 돌아오므로 '원금 보존'이라고 한다. 잘 모르는 사람은 이 둘을 동일하다고 착각한다. 이 점을 헷갈리게 이해해서 만기 전에 해지하면 원금을 떼일 수 있기 때문이다.

　마찬가지로 채권도 상환(만기)일까지 갖고 있으면 발행주체가

망하지 않는 한 원금이 들어오고 중도 상환하면 원금이 깨질 수 있다. 심지어 투자한 금액의 20~30%가 없어지기도 하므로 원금 보존이라고 안심해선 안 된다.

그러나 초심자용 투자 서적을 보면 주식은 채권보다 고위험 고수익이라고 적혀 있다.

이 표현이 꼭 틀리진 않았지만 그렇다고 채권이 주식보다 안전하다고 단언할 수는 없다.

채권투자에 잠재된 4가지 리스크란

채권은 국가 지방자치단체나 기업 또는 단체가 발행한다. 주식이 출자증명서라면 채권은 차용증서라고 할 수 있다. 주식과 달리 차입금이기 때문에 상환일, 즉 만기가 정해져 있다.

그리고 일부의 예외를 제외하면, 금리도 미리 정해져 있어 상환 전까지 일정한 이자가 지급되고 상환일에는 원금이 돌아온다. 얼핏 보면 정기예금과 비슷한 구조인 것 같다. 주식은 상환이라는 것이 없고 날마다 주가가 변동하므로 그에 비하면 채권이 훨씬 리스크가 낮아 보일 것이다.

애초에 리스크라는 말에는 '수익의 변동'과 '위험성'이라는 두 가지 의미가 있으며 제2장 1절에서도 말했듯이 종종 이 두 가지 의미는 혼동되어 사용된다.

보통 자산운용 분야에서 리스크라고 하면 결과의 불확실성, 즉 수익의 변동폭으로 해석하는 것이 일반적이다. 그런 의미에서 위험을 고려하면 같은 회사가 발행하는 주식과 회사채를 비교했을 때 위험은 주식 쪽이 분명 높다.

상환기한이 정해져 있는 채권이 최종적으로는 원금과 일정한 금리가 보장되지만, 주식은 배당금이 변동될 수도 있고 아무리 오래 가져가도 원금보다 비싼 가격에 매도할 수 있다는 보장이 없기 때문이다.

따라서 리스크를 결과의 불확실성으로 해석한다면 주식이 더욱 고위험 고수익이라고 할 수 있다. 그러나 리스크의 의미를 위험성, 손해 볼 가능성 등으로 생각하면 채권이 반드시 안전한 것은 아니다.

채권으로 자산운용을 할 때는 일반적으로 크게 4가지 리스크가 존재한다. 신용 리스크, 유동성 리스크, 재투자 리스크, 가격 변동 리스크다. 해외 채권은 여기에 환율 변동 리스크도 더해야 한다.

채권 운용의 가장 큰 리스크

신용 리스크부터 살펴보자. 이것은 채권을 발행한 회사가 파산해 예정했던 금리를 지급할 수 없게 되는 등의 리스크다. 채무 불이행(디폴트)이 되거나 신용등급이 떨어지면 채권 가격이 하락한다.

다음으로 유동성 리스크다.

이는 매매량이 적기 때문에 매매해야 할 때 필요한 물량을 신속하게 매매할 수 없는 즉 원활하게 환금할 수 없는 위험이다. 다만 이것은 개인투자자에게는 별로 영향을 미치지 않는다. 개인은 일반적으로 국채나 대기업 회사채를 구매하므로 환금성에 어려움이 있는 경우는 많지 않다.

세 번째는 재투자 리스크다.

생소한 개념이겠지만 지급된 이자나 상환 원금을 다시 채권에 투자할 때 당초와 같은 이율로 반드시 투자할 수 있는 것은 아니라는 것이다. 이것도 리스크임에는 틀림없지만 기관투자자와 달리 개인은 크게 생각하지 않아도 된다. 개인이 보유한 채권은 일반적으로 종류나 금액이 많지 않기 때문이다.

앞의 요소 중 가장 큰 리스크는 역시 디폴트(채무불이행) 우려가 있는 신용 리스크다. 하지만 이것은 그렇게 자주 발생하는 일이 아니므로 그것을 제외하면 가장 큰 리스크는 역시 이제부터 설명할 가격변동 리스크라고 할 수 있다. 실은 주식과 채권은 이 부분의 양상이 다르다.

채권 가격의 상승은 거의 금리 수준의 변동으로 결정된다

주식의 값(주가)이 오르내리는 데는 여러 가지 요인이 있다. 주가에 가장 큰 영향을 주는 것은 그 기업의 실적이다. 이에 따라 배당이 늘었다 줄었다 할 수 있고 향후 성장력도 기업 실적에 따라 크게 좌우되기 때문이다. 물론 개별 기업요인뿐 아니라 세계 경기와 금리 동향도 주식 시장에 영향을 미치므로 변수는 비교적 복잡하다.

반면 채권은 주식에 비해 상당히 단순하다. 주식과 달리 투자자가 보는 현금 흐름은 매매를 하지 않는 한 통상 금리밖에 없고, 대부분 주식 배당과 달리 확정되기 때문이다. 그럼 채권의 경우, 가격 변동의 가장 큰 요인은 무엇인가 하면 바로 '금리 수준의 변동'이다.

세상의 금리가 오르면 자신이 보유한 채권 가격은 떨어진다. 채권은 보통 고정금리이기 때문에 발행한 뒤 더 높은 금리의 채권이 발행되면 기존 채권은 값이 떨어지기 때문이다. 반대로 금리가 내려가면 가격은 오른다. 물론 경기와 물가가 채권 가격에 영향을 주지 않는다고 단정할 수는 없지만, 그것은 간접적인 요인이며 이들의 변동이 결과적으로 금리 변동에 영향을 준다는 정도다.

금리가 오르면 자동적으로 손실이 커진다

금리 상승은 주식과 채권에 모두 마이너스 요인이지만 주가는 금리로만 움직이진 않는다.

반면 채권은 앞에서 말했듯이 금리 변화가 결정적인 가격 변동 요인이다. 금리가 오르기 시작하면 채권 가격은 정도의 차이는 있어도 한결같이 가격이 떨어진다. 주식은 금리가 상승하기 시작해도 실적이 좋은 회사라면 개별적으로 주가 상승을 보일 수도 있다. 금리가 오르거나 내릴 때 채권은 거의 일방통행으로 대부분이 같은 방향으로 움직이는 반면, 주식은 개별성이 강하므로 하락장에서도 개별적으로 상승하는 종목이 얼마든지 나올 수 있다.

사실 리먼브라더스 사태가 터지자 닛케이평균은 30% 이상 하락했지만, 그 와중에서도 약 1,200종목은 상승했다. 반면 금리 상승 국면에서 채권을 보유한 투자자들의 계좌는 거의 예외 없이 손실이 커진다.

채권이 주식보다 손해를 보지 않는 금융상품은 아니라는 것을 잊어서는 안 된다.

채권은 안전하다고 생각하면 큰 코 다친다

오랫동안 저금리가 이어져 왔으므로 채권 가격이 완만한 상승 또는 횡보 추세가 이어졌다. 그 때문에 더욱 '채권은 안전하다'는 생각이 있는데, 채권 가격 변동을 우습게보지 말아야 한다. 본격적으로 금리가 상승할 때의 채권시장의 무서움은 겪어본 사람이 아니면 알 수 없을 것이다.

나 자신도 1978년부터 79년까지 제2차 오일쇼크가 일어났을
때 등은 장기국채 유통금리가 6.4에서 9.15%까지 급상승했고 그
가격이 단숨에 20% 이상 하락하는 경험을 했다.

지금과 같은 저금리 시대에 채권 운용은 이점이 없다는 의견
도 있지만 자산 밸런스를 생각한다면 안전 자산으로써 채권을
가져가는 것도 괜찮다. 특히 '개인용 국채변동 10년물' 같은 상품
은 나쁘지 않다.

다만 해외 채권, 특히 신흥국 통화로 결제되는 고금리 채권은
사지 않는 편이 좋다.

그 이유는 뒷장에 자세히 살펴보겠다.

2 | 자산분산 목적으로 외화를 보유하는 것은 무의미하다

자산을 분산하는 취지에서 '외화 보유'를 생각하는 사람들이 있다. 언뜻 보면 그럴듯하지만, 곰곰이 생각해 보면 꼭 그런 것만은 아님을 알 수 있다.

'외화를 보유한 것'과 '해외 자산을 보유한 것'은 다르다

하지만 사람들은 외화를 보유하는 것과 해외 자산을 보유하는 것의 의미를 혼동하는 듯하다. 나는 해외 자산을 갖는 것은 의미가 있다고 생각하지만, 외화를 갖는 것은 별 의미가 없다고 생각한다. 흔히 향후 일본 경제정세를 고려하면 일본 엔만 보유하는 것은 큰 리스크라고 한다. 그런데 과연 그럴까? 아무리 달러나 유로 같은 외화를 갖고 있다 한들 그것만으로는 별 의미가 없어 보인다. 우리가 일상생활을 할 때는 자국 통화(일본은 엔화)를 사용하기 때문에 아무리 외화를 많이 갖고 있어도 그것을 엔화로 바꾸지 않으면 사용할 수 없기 때문이다.

그러므로 매년 몇 번씩 해외여행을 가거나 해외에 가족이나 친지가 있어 송금하는 일이 종종 있거나, 혹은 해외로 이주할 계획이 있다면 외화가 필요하지만 그렇지 않으면 외화를 계속 보유하는 것은 큰 의미가 없다.

"아니, 일상생활을 말하는 것이 아니라 국가 경제가 파탄 나서 엔화가 휴지조각이 되어 버릴지도 모르지 않나. 그때를 대비해 달러를 갖고 있다가 여차하면 언제든 해외에서 살 수 있게 준비해놔야 한다."

이렇게 말하는 사람도 있지만 그런 상황(일본경제 파탄)이 되면 사회는 큰 혼란에 빠질 것이다. 쉽게 해외에 나갈 수 있을지 없을지도 모르지 않을까.

따라서 외화를 보유하는 것은 이론상으로는 자산분산이 될 수 있겠지만 실효성 면에서는 별 의미가 없다.

외환거래는 일종의 투기
자산형성에는 적합하지 않다

"그래도 1달러 70엔대나 80엔대였을 때 달러를 사뒀다면 지금쯤 수익이 남지 않았을까?"

이런 의견도 있을 것이다. 물론 맞는 말이지만 이것은 가격 변동에 베팅한 환투기의 결과다.

외환거래는 요컨대 서로 다른 통화를 환전하는 것이며, 환율은 그 환전을 할 때의 비율이다. 외환거래는 어디까지나 통화 환전 시 비율 변동에 승부를 거는 일종의 투기이므로 주식처럼 성장하는 회사의 주식을 계속 보유하면 누구나 이익을 볼 수 있는 성질의 것이 아니다. 시장 참여자의 이익과 손실의 총합이 같아지는 제로섬 게임의 측면이 강하다. 따라서 단기거래로 이익을 내려고 한다면 모를까 장기적으로 자산을 만들거나 자산을 분산하는 데는 별로 적합하지 않다.

오해가 없도록 말해 두겠지만 제1장 2절에서도 말했듯이 나는 투기 자체를 부정하지는 않으며 나름대로 의미가 있다고 본다. 그러므로 만약 외환거래 투기를 하고 싶다면 FX 마진거래(외환거래)를 하는 게 효율적일 것이다.

물론 레버리지를 거는 만큼 위험은 커지는 것은 말할 필요도 없지만, 환투기 자체가 위험성이 높으므로 FX로 레버리지를 이용하는 것은 어느 정도 합리적인 투기라 할 수 있다. 하지만 어디까지나 투기 기법의 일종일 뿐 자산형성이나 자산분산을 하기에는 부적합한 방식이다.

고금리 국채가 실속이 없는 이유

그럼 단순히 외화를 보유하는 것이 아니라 외화 자산의 하나로써 해외 고금리 채권에 투자하는 것은 어떨까.

현재 일본의 저금리 상황을 보면 해외 고금리는 매력적으로 보인다. 금융기관들은 '초저금리, 저출산·고령화로 장기 성장을 기대할 수 없는 일본이 아니라 해외 고금리 채권에 투자하자'고 권유하기도 하지만 실은 이것도 별로 의미가 없다. 아무리 해외 고금리 채권을 갖고 있어도 장기적으로 보면 결국 국내 채권을 보유하는 것과 별반 차이가 나지 않기 때문이다.

통화 가치는 '그 돈으로 얼마나 많이 물건을 살 수 있는가?' 즉 구매력에 있다. 따라서 결국 환율은 두 나라 사이에 구매력이 같아지도록 조정되는 성질을 갖고 있다.

고금리 채권이 발행되는 즉 그 나라의 금리가 높은 것은 대개 그 나라가 인플레 경향에 있다는 뜻이다. 만약 장기간 인플레율이 높다면 물가가 계속 상승하기 때문에 그 나라 통화의 구매력이 떨어진다는 뜻이다.

결국 구매력 하락폭이 더 큰 통화는 저인플레로 저금리 통화에 대해 장기적으로 하락하기 때문에 아무리 고금리 통화의 채권을 갖고 있어도 결국 환율로 조정돼 국내 채권을 갖고 있는 것과 달라진 게 없다.

환율 변동을 피하려면 헤지를 해야 하는데, 그러면 헤지를 위한 비용에 따라 국내 채권과 같은 금리 수준이 돼버리니 이것도 마찬가지다.

따라서 아무리 높은 금리의 해외 채권을 갖고 있어도 장기적으로는 환율로 상쇄돼 일본 채권을 갖고 있는 것과 거의 다르지 않다. 물론 단기적으로는 돈을 벌기도 하지만 그것은 앞서 말한 투기 방법이므로 장기적 자산형성 수단으로서는 부적합하다.

해외 주식, 해외 ETF 분산투자는 의미가 있다

그렇다면 외국 자산에 투자하거나 보유하는 것은 전혀 의미가 없을까? 그렇지 않다.

주식의 경우, 국내 주식뿐 아니라 글로벌하게 분산투자를 하는 것도 좋다. 실제로 1990년대 이후 주가가 상승과 하락을 반복해왔지만 기본적으로는 침체기에 있었던 일본의 주식 시장과 미국·중국의 주식 시장을 비교해 보면 그 차이가 분명히 드러난다. 한층 더 말하면, 시야를 넓게 세계로 돌려서 미국의 아마존이나 구글, 중국의 알리바바, 텐센트와 같은 일본에는 별로 없는 성격의 종목에 투자할 수도 있다. (이런 종목이 앞으로도 유망할지 어떨지는 모르지만)

다만 해외 주식투자는 그에 대한 정보를 모으거나 투자 판단을 하기 어렵다는 사람도 많다.

개별 종목을 조사하기 힘들어서 쉽게 이해하지 못하는 사람에게 가장 손쉬운 방법은 전 세계 시장 시가총액과 GDP 등 경제 규모에 맞춘 자산 배분으로 인덱스 투자를 하는 ETF와 펀드를 사는 것이다. 앞으로 세계 어느 지역이나 나라가 발전할지는 정확히 예측하기 어려우니 차라리 전 세계에 투자하자는 발상이다. 지금은 1만 엔 정도부터 투자할 수 있다.

한 상품만 매수하고 싶다면 ETF의 경우 미국 운용사 뱅가드

의 뱅가드 토탈 월드 ETF(VT, vanguard total world), 펀드 상품
은 라쿠텐투신투자고문의 '라쿠텐·전세계주식 인덱스펀드'와 미
쓰이스미토모 트러스트 애셋 매니지먼트의 '세계경제 인덱스 펀
드'도 있다. 수수료가 더 낮고 심플한 상품을 원한다면 펀드사에
서 나온 일본 주식, 일본을 제외한 선진국 주식, 그리고 신흥국
주식에 투자하는 인덱스 펀드를 일정한 비율로 각기 매수하거나,
이 상품들을 적립식으로 투자하는 것도 나쁘지 않다.

영업 사원이 권유하는 '외화 결제 상품'을 조심하자

이처럼 구조가 단순하고 수수료도 저렴해서 손쉽게 할 수 있는
해외 주식 투자 상품들이 다양하게 존재한다.

그런데도 금융기관에서 외화로 결제하는 복잡한 상품을 열심
히 권하는 것은 '금리가 높은 외화 결제 상품'은 금리가 제로에
가까운 엔화 상품보다 두둑한 이자 수익을 벌어들이기 때문이다.

그렇지만 어떤 금융상품이건 고객에게는 최대한 단순한 것이
가장 좋은 상품이다. 안타깝게도 '앞으로는 통화를 분산해야 한
다'는 얼핏 그럴듯한 문구에 끌려 수수료가 높은 상품을 사는 사
람이 많다. 그러나 외화를 보유한 것과 해외 자산을 보유한 것은
분명히 다르다는 점을 알아야 한다.

3 │ 보험으로는 자산운용을 할 수 없다

자동차 보험으로 생각하는 보험의 본질

보험은 인류가 생각해낸 지혜이며, 우리는 살면서 종종 보험의 도움을 받는다. 본래 보험은 '확률은 극히 낮지만 일어나면 대단히 큰 손실'에 대비하기 위해 존재한다. 바꿔 말하면 '거의 일어나지 않지만, 만약 일어난다면 도저히 자신의 돈으로 조달할 수 없는 손해'에 대응하기 위한 것이다.

가장 알기 쉬운 예로는 자동차 보험의 대인 배상이다. 차를 운전하다 사망사고를 내는 일은 거의 없지만, 만약 그 일이 일어나면 몇억 엔이라는 배상금이 발생할 수도 있으며 그 돈을 전액 스스로 배상할 수 있는 사람은 거의 없을 것이다. 따라서 자동차를 운전하는 사람이면 대부분 대인 배상을 들어둔다.

그러나 같은 자동차 보험이라도 차량 보험의 경우는 경우가 다르다. 차량 보험은 자신의 차의 손상을 수리하는 것으로, 이 경우는 '확률은 중(中), 손실도 중'이라고 할 수 있다. 자동차를 주차장에 주차할 때 잘못해서 일부 찌그러지거나 도색이 벗겨지는 일은 비교적 자주 일어난다. 따라서 무제한으로 보장해주는 대인 배상에 비해 보험료는 비싸지만 보장 금액이 작기 때문에 차량 보험은 들지 않거나, 들더라도 면책액을 높게 설정해 보험료를 낮추는 방식이 종종 행해지고 있다.

왜 저축형 보험보다 환급금 미지급형이 나을까

보험의 가장 중요한 의의는 '소액(보험료)으로 무슨 일이 생길 때 많은 돈(보험금)을 얻을 수 있다'는 것이다. 개개인이 내는 돈은 소액이지만 그 돈이 모이면 큰돈이 되기 때문에 가능한 일이다. 그 돈으로 병에 걸리거나 다친 사람에게 보험금을 지급하고 아무 일도 없었던 사람에게는 한 푼도 지급하지 않는다.

이것이 보험의 본질이다.

보험상품은 아니지만, 보안업체에 지급하는 비용도 보험과 비슷한 성질을 갖고 있다. 도둑이 들지 않도록, 혹은 도둑이 들었더라도 피해를 최소화할 수 있도록 보안업체가 대응해 주는 데 대한 대가이다. 도둑이 들지 않았다고 해서 보안업체가 비용을 환급해주진 않는다.

따라서 보험은 본래 '환급금 미지급형'으로 성립한다. 하지만 일반적으로는 환급금이 없는 보험은 아깝다고 생각해 보험과 저축이 결합된 보험이나 적립형 보험에 가입하는 사람이 많다.

사실 환급금 미지급형 보험이라는 명칭도 별로 좋지 않다. 어감이 왠지 손해 보는 느낌이 들기 때문이다. 하지만 정말로 그럴까? 조금 생각해 보면 보험과 저축을 결합한 보험이 별로 이득이 없다는 것을 알 수 있다.

저축과 보험은 정반대 상품이다

저축과 보험은 각각의 역할과 성질이 정반대다.

저축은 '미래의 즐거움이나 안정을 위해 스스로 돈을 모으는 것'이다. 반면 보험은 '미래의 위험과 불행에 대비해 모두 함께 돈을 내는 것'이다. 두 문장은 비슷해 보이지만 단어 선택이 전혀 다르다.

저축은 '즐거움을 위해 스스로'이고 보험은 '위험과 불행에 대비해 모두 함께'이므로 정반대 내용이라 할 수 있다.

그런데도 저축과 보험을 결합하다니 어떻게 된 일일까? 보통 환급금 미지급형 보험의 경우 보험료로 불입한 돈은 모두 보험 자원으로써만 쓰면 되므로(물론 보험사의 제경비는 제하게 되지만) 단순하고 같은 보장 내용이면 상대적으로 보험료가 저렴하다. 그런데 보험과 저축을 겸하는 양로보험이나 종신보험은 환급금 미지급형과 사정이 다르다.

예를 들어 양로보험은 납입한 보험료를 자원으로 보장과 운용이라는 2가지 목적으로 써야 한다. 당연히 단순한 구조의 환급금 미지급형 보험에 비하면 보험료가 비싸지고 저축과 보험이라는 본래의 목적이 다른 것을 함께 하는 것 자체가 부자연스럽고 비효율적이다.

또 양로보험이나 종신보험의 가장 안타까운 점은 피보험자가 사망했을 때 저축 부분으로 적립된 돈도 보험료를 지급하는 데 쓰인다는 것이다.

보험은 환급금 미지급형으로 들어두고 별도로 저축을 하면 유족에게는 보험금과 저축이 남게 되지만 보험과 저축이 결합된 보험으로는 보험료만 되어 버리는 일도 일어난다.

따라서 보장과 자산형성의 기능은 별개로 나누어 생각해야 한다. 즉 보험은 어디까지나 보장을 목적으로 최대한 저렴한 보험료로 충실한 보장을 받을 수 있는 것을 선택하고 자산을 형성하는 저축이나 투자는 보험과는 별도로 생각해야 한다.

개인연금 보험도 결코 좋은 상품은 아니다

개인연금 보험처럼 단순히 저축 목적으로 이용되는 보험이나 적립형 보험도 인기가 있지만 이 또한 결코 좋은 상품이라고 할 수 없다.

납입한 보험료의 합계액에 대해서 장래에 받을 금액의 합계가 얼마나 많은지를 '반환율'이라고 한다.

반환율은 보험사와 상품에 따라서 다르므로 일률적으로 말할 수 없지만, 일반적으로는 30년 납입하고 그로부터 5년 거치, 10년간 받을 경우 반환율이 105~106% 정도의 상품이 많다. 106%

라고 가정하면, '6%나 많이 받다니 좋은 상품'이라고 착각하는 사람이 나올 법한데 전혀 그렇지 않다. 45년간 적립총액 100이 106이 되는 것이므로 복리 계산해 보면 연이율 0.4% 남짓에 불과하다.

'그래도 지금 금리를 생각하면 꽤 높지 않냐'고 생각할 수도 있지만, 이것은 기간이 30년이라는 긴 세월이다. 1~2년이 아닌 것이다.

장기간에 걸쳐 가격 변동 리스크를 회피하지 않는 방법으로 운용하려면 차라리 개인용 국채변동 10년물이 유리할 것이다.

또 개인연금보험은 보험료가 소득공제 대상이 되기 때문에 유리하다고도 하는데, 이것은 큰 혜택은 아니다.

보험료를 아무리 납부해도 소득공제가 되는 것은 소득세 4만 엔, 주민세 2만 8,000엔으로 모두 6만 8,000엔이 상한선이다. 그러나 개인형 확정 거출 연금의 경우 납부금 전액이 소득공제 된다. 납부금의 상한선은 직업이나 상황에 따라 다르지만 가장 적은 공무원도 납부금 상한선은 연 14만 4,000엔이고 이 금액이 전액 소득공제 되므로 개인연금보험의 두 배 이상이다.

만약 자영업자라면 연간 부금상한액이 3만 6,000엔이므로 이 경우 2배의 소득공제를 받을 수 있으니 개인연금보험과는 비교가 안 되는 혜택이다. 개인사업주라면 개인연금보험보다 개인형 확정기여연금인 이데코(iDeCo)를 선택하는 편이 훨씬 현명하다.

또 개인연금 보험도 정액형이 아닌 변액형이 있지만 그 실태는 펀드에 투자하는 것과 차이가 없다. 수수료가 터무니없이 높다는 것이 다를 뿐이다. 만약 변액개인연금보험으로 운용한다면 직접 펀드를 사는 것이 좋다.

그 밖에도 있는 '저축형 보험'의 유의점

개인연금 보험도 그렇지만 보장과 저축을 합친 보험을 중도 해지하면 대부분 원금을 까먹는다. 기간에 따라 다르지만 70~80%밖에 돌아오지 않기도 한다. 하지만 사실 이것은 별로 이상한 일이 아니다.

보험은 일정한 기간 무슨 일이 일어났을 때 보장받기 위해 가입하는 것이므로 보험의 중도해약이라는 개념 자체가 별 의미가 없기 때문이다.

다시 말해 보험은 저축이 아니라 필요한 기간에 필요한 자금의 혜택을 받을 수 있다는 보장을 구매하는 일종의 '쇼핑'인 것이다. 만약 저축이라고 인식한다면, 중도 해약을 했을 때 원금을 깨는 상품을 택하지 말아야 한다.

예금은 아무리 만기 전에 해약해도 이자가 줄어들지언정 원금이 깨지지는 않는다.

게다가 보험사 영업 사원이나 일부 FP(보험설계사)는 '보험은 강제적으로 저축하게 하고 중도 해지도 할 수 없으므로 의지가 약하거나 게으른 사람이 자산을 형성하는 데 도움이 된다'고 하기도 한다. 하지만 그런 목적이라면 급여 공제나 계좌 자동이체로 계약을 하면 차근차근 돈이 모이게 되고, 이데코(iDeCo)에 가입하면 60세 전에는 어떤 이유든 간에 현금화할 수 없으니 굳이 보험을 선택할 이유가 없다. 게다가 의지가 약하거나 게으른 사람은 결국 무엇을 해도 안 될 것이다. 그러니 그런 세일즈 토크도 설득력이 없다.

이처럼 자산형성을 위한 수단으로 저축형 보험은 상당히 부적합하다. 결국 보험의 본질을 잃지 않는 것)이 중요하다.

보험 자체는 매우 중요한 것이므로 더욱 잘못된 방식으로 이용하지 않도록 해야 한다.

보장이 필요한 기간에 필요한 금액이 얼마인지 계산하고 그에 걸맞은 보장을 얻기 위해 단순하게 환급금 미지급형 상품을 골라 보험료가 저렴한 것을 골라야 할 것이다.

4 이데코(iDeCo)에도 있는 함정

급속히 확대된 이데코

최근 급속히 이용자가 늘어난 것이 개인형확정 거출 연금(iDeCo)이다. 이 제도 자체는 2001년 10월에 생겼으므로 벌써 20년 가까이 되고 가입자 수도 194만 명이다. (2021년 3월말 기준)

특히 이 제도는 2017년부터 가입 대상자가 단숨에 확대되어 과거 16년 동안 30만 명 정도밖에 늘지 않았던 가입자 수가 3년 만에 160만 명이나 늘어났으니 그야말로 '붐'이라고 할 수 있다.

이 제도 자체는 노후자금을 만드는 데는 가장 적합한 제도이므로 적극적으로 이용해야 한다. 하지만 경제 잡지에도 이데코 특집 기사가 종종 등장하는데 나처럼 20년 가까이 이 제도를 보아온 전문가가 보기에는 실은 그런 경제 잡지의 기사와 소개 방식에 회의가 든다.

이데코(iDeCo)의 수수료 순위 매김은 왜 무의미한가

물론 이데코는 60세 전에는 인출이 불가능하다. 또한 이데코를 취급하는 금융기관(운영관리기관이라고 한다)은 많지만 통상적인 증권거래와는 달리 한번 시작하면 변경하기가 어렵다. 불가능하진 않지만 제도상 제약 때문에 불이익이 발생할 수도 있기 때문이다.

따라서 금융기관을 선택할 때는 신중하게 따져봐야 한다. 경제잡지에서도 어느 금융기관이 좋은지를 다루는 특집 기사가 나오는데, 나는 '수수료를 기준으로 한 순위'에 거부감을 느낀다.

여기서 말하는 수수료는 펀드의 운용 관리 비용이 아니라 계좌관리 수수료를 말한다. 이것은 매월 드는 비용이므로 최대한 저렴한 것이 가장 좋다는 말은 틀리지 않았다. 그러나 계좌관리 수수료는 상당히 인하되어 현재는 15개 금융기관이 수수료를 전혀 받지 않는다. (※2021년 4월 8일 현재 개인형 확정 출연연금 내비 참조)

그런데 수수료가 무료여도 그것은 그 금융기관이 취하는 만큼의 수수료가 무료일 뿐이다. 자산을 보관하는 신탁은행과 제도 전반을 관리하는 국민연금기금연합회에는 매달 171엔의 수수료를 내야 한다. 따라서 계좌관리 수수료로만 본다면 주요 금융기관은 큰 차이가 없다.

그보다는 펀드에 드는 수수료인 운용 관리 비용(신탁보수)이 훨씬 중요하다. 계좌관리 수수료는 정액이므로 자산이 늘어도 부담이 늘지 않지만 운용 관리 비용은 전체 자산액에 대해 들기 때문에 잔액이 늘수록 부담이 커지기 때문이다.

또 상품의 라인업(구색)과 가입절차 편의성, 웹사이트와 고객센터 등과 같은 서비스의 차이를 확실히 판별해야 한다.

그런데도 경제 잡지들은 계좌관리 수수료 수준으로만 순위를 매긴다.

그래야 쉽게 기사를 쓸 수 있기 때문이다. 하지만 수수료를 우선순위에 놓으면 판단을 그르칠 수 있으니 주의해야 한다.

온라인 전용 증권사는 초보자가 사용하기 어렵다

다음으로 추천 금융기관 중 온라인 전용 증권이 섞여 있는 경우가 많다. 경제 잡지뿐만이 아니라, 개인 투자 블로거의 글에서도 온라인 전용 증권으로 거래할 것을 강하게 미는 모습을 자주 볼 수 있다.

하지만 이점에 대해서도 나는 좀 생각이 다르다. 온라인 증권사가 좋은 이유는 계좌관리 수수료가 쌌기 때문이다. 과거에는 그랬지만 2017년 이후에는 꼭 그렇지만은 않다.

게다가 역설적으로 초보자는 인터넷 증권을 이용하기 어렵다. 나는 과거 20년간 기업형 확정 거출 연금 가입자를 위한 설명회를 해왔지만, 그분들 중 상당수는 투자 경험도 없고 당연히 온라인상으로 증권거래를 해본 적도 없었다. 그러니 처음 투자하는 사람은 온라인 증권사에서 거래하기가 절대 쉽지 않다. 하지만 평소 온라인상의 증권거래를 즐겨 사용하는 사람은 온라인 거래에 익숙해진 상태여서 초심자가 접근하기 어렵다는 점을 잘 모르는 것이다.

　반면 메가뱅크나 대형증권사 사이트는 오래전부터 기업형 확정출연금에 무척 공을 들여왔다. 특히 대형 금융기관은 직원 수가 수만 명에 달하는 대기업을 고객으로 둔다.

　대부분 제조업이며 그중에는 인터넷 거래에 서툰 사람들도 섞여 있을 것이다. 나도 경험이 있지만 대기업의 인사부로부터 '일단 보통 사람들이 알기 쉽고 보기 편하게 해달라'는 요구를 지속적으로 받았다. 당연히 처음 하는 사람도 접근하기 쉬운 모양새를 갖추고 있다.

　대기업의 요청에 대응하며 꾸준히 업데이트한 대형증권사의 사이트는 뭐 이런 것까지 있나 싶을 정도로 기능이 풍부하고 사용하기 편하다. 개인도 그 사이트를 이용할 수 있으니 온라인 전용 증권사보다 훨씬 사용감이 높은 것은 어떤 의미에서 당연한 일이다.

이데코를 선택하는 3가지 기준

그럼 실제로 이데코(iDeCo)를 시작할 때, 어떤 기준으로 금융기관을 선택하면 좋을까. 나는 다음 순서대로 생각할 것을 권한다.

① 상품의 종류

상품 수가 많으면 무조건 좋다는 뜻이 아니다. 오히려 최대한 단순한 것이 좋다. 다만 금융기관 중에는 적절한 분산투자를 할 수 있는 기본적 자산 카테고리가 갖추어져 있지 않은 곳도 있다. 최소한 기본 4자산(국내주식, 해외주식, 국내채권, 해외채권)의 인덱스형이 갖추어져 있고 해외주식은 선진국과 신흥국으로 나뉘어 있어야 한다. 그리고 REIT(부동산펀드) 정도만 있으면 충분하다. 뒤집어 보면 이런 기본적인 상품이 없으면 적절한 분산투자를 할 수 없으므로 그런 곳은 선택하지 말아야 한다.

② 상품의 수수료 수준

여기서 말하는 수수료는 운용 관리 비용(신탁보수)이다. 원래 iDeCo로 채택된 상품의 수수료는 싼 것이 많지만 개중에는 놀랄 만큼 높은 수수료를 떼가는 상품이 섞여 있으니 잘 살펴봐야 한다. 예를 들면 국내주식 패시브와 같이 같은 카테고리 안에서 섞여 있는 것이 많다. 베테랑이라면 몰라도 초보자는 그 차이를 발견하기는 쉽지 않을 것이다. 그러니 상품 수가 너무 많은 것은 별로 바람직하지 않다. 특히 iDeCo와 같이 60세까지 운용해야 하는 제도는 소수점 아래의 몇 퍼센트 차이가 쌓이고 쌓여 큰 차이를 만들어내므로 더욱 주의해야 한다. 가능한 한 운용 관리 비용이 싼 상품이 있는 금융기관을 선택하자.

③ 인터넷과 콜센터의 이용 편의성

통상의 증권거래와는 달리 iDeCo는 지점 창구에서 상담하는 일이 거의 없다. 따라서 가입자는 가입자용 웹사이트와 콜센터에 의지할 수밖에 없다. 그중 콜센터는 가입하기 전에도 이용할 수 있으므로 각 금융사에 전화를 걸어 보고 대응이 좋은 곳을 선택하면 될 것이다. 한편 가입자용 웹사이트는 그 금융기관의 이테코(iDeCo)에 가입하고 나서야 볼 수 있다는 것이 좀 아쉽다. 앞서 말한 개인형 확정 출연연금 내비게이션(https://www.dcnenkin.jp/)을 보면 주요 금융기관의 '가입자 대상 웹사이트'의 평가가 실려 있으니 이것을 참고하도록 하자.

이 3가지 사항을 충분히 검토해서 선택지를 좁힌 다음, 최종적으로 어디가 가장 좋은지 저울질하기 힘들 때 '계좌관리 수수료'를 생각하면 좋을 것이다. 다시 한번 말하지만 iDeCo는 수십 년 동안 이용하는 제도이므로 단순히 계좌관리 수수료만으로 판단하는 것은 무척 위험하다. 경제 잡지 등의 기사만 참고해 함정에 빠지지 않도록 조심해야 한다.

5 | 투자는 전문가와 상담하지 마라!

'운용의 프로'가 아니라 '판매의 프로'

처음 투자를 시작하려는 사람들은 일단 전문가와 상담하려고 생각한다. 이 생각은 지극히 자연스럽다. 골프든 영어 공부든 자기 마음대로 시작하기보다는 전문가에게 배우는 것이 좋기 때문이다. 그러나 투자 전문가와 상담하려고 금융기관을 방문하는 것은 잘못된 생각이다. 은행이나 증권사의 창구나 영업 직원들은 금융상품을 판매하고 있지만 딱히 투자나 운용 부문의 전문가가 아니기 때문이다.

그들은 '금융상품 판매 전문가'다. 즉 전문 상담사이며, 그들의 가장 중요한 업무는 자사의 금융상품을 고객이 사게 하는 것, 즉 영업이다.

그들을 상담사이므로 원래는 고객으로부터 주식이나 펀드를 사고 싶다는 상담을 받고 이런저런 이야기를 들어본 결과, 그 고객이 리스크를 크게 감수하지 못하는 돈으로 투자하려 한다는 점을 알았다면 '투자하지 말고 예금만 하는 게 좋습니다'라고 조언해야 할 것이다. 고객이 찾아간 곳이 보험사라면 상담사가 진단한 결과 '고객님은 보험에 들 필요가 없습니다'라는 결론을 내릴 수도 있을 것이다. 하지만 실제로는 그들과 상담을 했을 때 그런 답변은 절대 나오지 않는다.

이것은 아주 당연한 이야기다. 금융기관은 자사 상품을 고객이 사줘야만 돈을 벌 수 있다. 상담만 해주는 게 무슨 이득이 있겠는가. 당연히 상담을 받고 상품을 권하게 된다. 이발소에 가서 의자에 앉아 머리가 좀 자란 것 같은데 머리를 자르는 게 좋겠냐고 물으면 "아뇨, 아직 괜찮습니다. 오늘은 그냥 돌아가세요"라고 말하는 이발사가 얼마나 있을까? 이발소에는 머리를 자르고 싶어서 오고 금융기관에는 투자와 자산운용을 하고 싶으니까 왔을 것이다. 그들은 당연히 그렇게 생각할 것이다.

그래서 그들은 자사의 금융상품을 권한다. 그 상품이 정말 당신에게 맞는지는 별개의 문제다.

자산 종합 어드바이저의 정체성에 관한 의구심

다른 관점에서 생각해 보자. 골프용품 판매사에서 개최하는 무료 골프 교실에 가면 거의 100% 그 회사의 골프용품을 사게 된다. 그렇게 하고 싶지 않고 자신에게 맞는 도구를 제대로 고르고 싶다면 돈을 내고 프로 레슨을 받고 조언을 듣는 게 당연하다. 이렇게 이야기하면 누구나 맞는 말이라고 고개를 끄덕인다. 그런데 그 대상이 투자와 금융상품이 되면 운용과 투자에 대해 잘 아는 파이낸셜플래너에 돈을 내고 상담하지 않고 대형 금융기관

창구를 찾아가 상담하는 일이 잦다.

금융기관도 그 점을 알고 있다. 그래서 '자산 종합 어드바이저'
니 '토탈 라이프 플래너'니 하는 인력을 창구에 배치해 고객이 상
담하러 오기를 기다린다. 하지만 이런 명칭을 쓰는 것 자체가 좀
수상하다. 일단 다른 사람의 모든 자산을 파악하고 적절한 관리
운용을 조언하는 것은 사실상 거의 불가능하다. 정말로 그렇게
하려면 적어도 자산 10억 엔 규모의 경우 어드바이저에게 1,000
만 엔 정도는 내야 하지 않을까. 평범한 개인이 그렇게 할 수 있
을 리가 없고 그럴 필요도 없다.

금융기관 중 상당수는 직원에게 FP(파이낸셜 플래너) 자격을
취득하게 하지만, 이것은 어디까지나 마케팅 전략이다. 일반인들
은 '그게 뭔지는 잘 모르겠지만 파이낸셜 플래너 자격증을 갖고
있다니까 전문가겠지'라고 생각한다. 심리학에서 말하는 권위자
편향(Authority bias)이다. 금융기관은 그런 고객의 심리를 잘 알
고 있으므로 직원들에게 FP 자격을 취득하게 한다.

그렇지만 실제로 금융기관을 방문해 이야기를 들어보면, 자사
상품, 그중에서도 그들이 강력하게 미는 상품에 관해서는 자세하
게 설명해 주지만, 다른 사항에 대해 질문하거나 타 금융기관의
유명한 상품을 물어보면 잘 모르거나 얼버무리는 것이 대부분이
다. '고객의 입장에서 고객에게 최적의 상품을 권한다'는 방침은
아마 분명히 있겠지만, 그것은 어디까지나 '(당사가 취급하는 상

품 중에서) 고객에게 최적의 상품'인 것이다.

금융기관 광고를 보면 '자산 토탈 어드바이저'라거나 '라이프 플래너의 조언' 같은 홍보 문구가 종종 나오지만 이것은 브랜드 이미지를 구축하기 위한 문구이다. 말하자면 이미지 전략에 불과하다.

정보 비대칭성에 의해 판매자와 구매자 간의 지식 격차가 너무 클 때는 '대기업', '안심', '전문가 집단'이라는 이미지 전략이 효과를 거둔다. TV나 잡지 광고에서 상품의 상세한 설명이 아닌 기업 이미지를 호소하는 내용이 많은 것도 금융기관의 공통 특징이다. 다시 한번 말하지만 그들은 전문 판매자이지 결코 전문 운용가나 전문 어드바이저가 아님을 알아야 한다.

양품점 판매원은 토탈 코디네이터가 아니다

또 한편 어느 정도 운용 경험이 있는 투자자들은 이러한 비판을 종종 한다. '금융상품은 장단점이 있는데, 장점밖에 설명하지 않는다' '자산의 종합적인 밸런스를 고려해서 조언해 달라고 하는데, 자기 쪽에서 팔고 싶은 상품만 권한다'는 비판이다. 맞는 말이지만 이런 불만을 금융기관 판매원에게 말해도 어쩔 수 없다.

나도 오랫동안 금융기관에서 판매 업무를 해 와서 잘 알지만 그들에게 고객을 속이거나 인기 없는 상품을 강매하려는 의도는 없다. 정말 좋은 상품이라고 교육받았고 자신들도 그렇게 믿고 있는 상품을 고객에게 권유해서 수익을 낼 수 있게끔 하고 싶어 한다.

그렇지만 그것이 반드시 좋은 상품인지, 그 손님에게 적절한지는 잘 모른다. 자사에서 취급하는 상품에 대해서는 충분히 교육을 받아 잘 알겠지만 타사 상품이나 타업체의 금융상품에 대해서는 아는 게 별로 없기 때문이다. 그러므로 아무리 친절한 판매원이라도 그들을 자산 토탈 어드바이저라고 할 수는 없다.

당신을 옷을 사러 갔다고 하자. 판매원이 아무리 열심히 권해도 자신의 마음에 들거나 몸에 맞는 옷이 아니면 사지 않을 것이다. 그런데 금융상품을 매수할 때는 너무 간단히 판매원이 시키는 대로 상품을 사고 만다.

투자란 역시 스스로 공부하고 이해한 후에 하는 것이 대원칙이다.

물론 상품에 관한 정보는 해당 금융기관이 가장 잘 알고 있을 것이므로, 정보를 수집하기 위해서 이용하는 것은 전혀 문제가 없지만 그래도 최종 판단은 자신이 해야 한다.

옷을 살 때 안목이 없어서 고를 자신이 없다면 전문가인 스타일리스트에게 돈을 내고 적절한 조언을 듣기도 한다. 이와 같이 투자도 지식이 부족하거나 금융기관의 설명을 잘 이해할 수 없다면, 자산운용 분야 전문가인 FP에게 상담료를 지불하고 어드바이스를 받으면 좋을 것이다.

'수익이 날 종목을 알려 달라'에 답할 수 있는 사람은 없다

이런 말을 하면 지나치게 노골적이지만 투자를 할 때 어드바이저라는 사람이 할 수 있는 일에는 한계가 있다. 많은 초보 투자자가 수익이 나는 종목을 알고 싶어 하겠지만 그런 것은 전문가도 모른다. 유료 상담을 하는 전문 어드바이저도 종목을 발굴하는 생각이나 자료에 관한 견해, 판단 방법을 듣고 참고하는 정도이지, 최종적으로는 자신의 머리로 생각하고 리스크를 감수해 투자할 수밖에 없다.

금융기관이 권하는 대로 투자했다가 좋은 결과가 나오지 않으면 불평하는 식으로는 아무리 시간이 흘러도 투자로 성공할 수 없다. 금융기관의 잘못도 있겠지만 금융기관을 이용한 방법도 잘못이 있다는 것을 깨달아야 한다. 골치 아프겠지만 소중한 돈을 운용하는 것이니만큼 따져볼 것은 따져봐야 하지 않을까. 내가 공부해서 어느 정도 지식을 쌓을 때까지는 투자를 보류하거나 다소 실패해도 타격이 없을 정도의 적은 액수로 시작하자.

투자로 생기는 이익과 손실은 오롯이 당신의 것이지 누구도 대신 책임져주지 않기 때문이다.

column.5

내가 포인트 투자를 권하지 않는 이유

요즘은 회원으로 가입해 쇼핑을 하면 부여되는 포인트로 투자를 할수 있는 서비스가 늘었다. FP 중에는 이 포인트 투자를 적극적으로 권하는 사람도 있다.

물론 얼마 되지 않는 금액이지만 그만큼 투자 연습을 할 수 있다는 이유에서다.

하지만 나는 이 포인트 투자는 권하지 않는다. 물론 포인트 투자 자체가 나쁜 것은 아니며 하고 싶은 사람은 하면 된다. 그러나 포인트 투자로는 결코 투자를 배울 수 없고 투자 연습도 되지 않는다고 생각한다. 금액이 적어서가 아니라 포인트 투자로는 투자의 본질을 전혀 이해할수 없기 때문이다.

투자의 본질은 부조리함에 있다. 투자는 1+1=2가 아니다. 때로는 1+1=10이 되고 1+1=110이 될 수도 있는 것이 투자다. 즉 투자란 자신이 열심히 일해서 번 돈을 쏟아 부었는데도 불구하고, 내게는 아무 책임도 없는 이유로 인해 손해 볼 수도 있는 실로 불합리한 것이다. 물론 그 반대의 경우도 생긴다. 그런 것이 바로 리스크이며, 그런 불합리한 경험을 몸소 겪어봐야만 리스크의 본질을 이해할 수 있고 리스크에 대처하는 방법을 익힐 수 있다.

그런데 포인트라는 건 말하자면 쇼핑에 따라오는 덤이나 마찬가지다. 물론 비록 덤이라도 그게 늘어나면 좋고 줄어들면 싫겠지만 자신이 번 돈으로 투자하는 것과는 차원이 다르다. 나도 시험 삼아 포인트 투자를 해 보았지만 게임을 하는 느낌밖에 없었다. 게임의 일종으로 하면 모를까 절대 투자 연습이 되는 것은 아니다.

지금은 100엔만 있어도 펀드에 투자할 수 있는 시대다. 금액의 규모와 상관없이 투자는 자기가 번 돈으로 해야 한다.

제6장

후회하지 않기 위한
5가지 원칙

1 투자는 떳떳하지 못한 일이 아니다

'기업을 응원한다' '사회에 공헌한다' …
투자에 이유가 필요한가?

우리가 투자를 하는 목적은 무엇일까?

수익을 내는 것이다.

이것은 당연한 일인데도 사람들은 '수익을 낸다'는 말에 꺼림칙한 마음이 드는 것 같다.

투자라고 하면 어딘지 앉아서 편하게 돈을 얻는다거나 주식은 불로소득이라는 느낌이 따라다닌다. 그래서 투자자들은 투자하는 것을 어떻게든 정당화하고 싶은 마음이 들고 투자의 면죄부를 요구하는 듯하다.

일본에는 '도덕 저금'이라는 생각이 있다.

투자할 때 따르는 찜찜함을 해소하기 위해 그 목적을 도덕적으로 생각해서 마음의 평화를 찾고자 하는 것이다.

예를 들어 '투자의 목적은 회사를 응원하는 것'이라든가 '투자는 세상에 돈을 환원하는 훌륭한 행위'라는 식으로 '나는 단순히 돈벌이를 위해서가 아니라 세상에 공헌하기 위해서 투자한다'고 자신에게 변명한다.

물론 투자를 함으로써 세상에 돈이 순환되면 그 기업뿐만 아

니라 사회 전체에 큰 혜택을 가져다줄 것은 틀림없고 좋은 일이
지만, 그것은 투자함으로써 부수적으로 생기는 결과물이다. 개
인의 관점에서 투자의 목적은 역시 '수익을 내는' 것에 있다.

게다가 회사를 응원하고 싶다면 투자보다는 그 회사의 제품이
나 서비스를 구매하는 것이 훨씬 좋다. 주식을 매수하면 간접적
으로 그 회사를 응원하는 것일 수도 있지만, 예를 들면 코로나로
인해 요식업이 곤경에 빠져있을 때는 그 회사의 주식을 사는 것
보다 그 회사가 운영하는 식당을 찾아가서 음식을 주문하는 것
이 훨씬 고맙지 않을까? 물론 둘 다 일개 개인의 힘으로는 큰 응
원이 되지 않겠지만, 수익은 수익, 응원은 응원이라고 구분하는
편이 훨씬 깔끔하다.

게다가 만약 기업을 투자로밖에 응원할 수 없다면 상장기업만
응원할 수 있다는 말이 된다. 세상에 돈이 돌게 하는 것은 주식
투자뿐 아니라 은행예금도 그렇다. (효율은 좀 떨어지지만) 직접
돌려주고 싶다면 기부도 좋다.

지인 중에 주식 단기 트레이딩으로 나름대로 성과를 올리고
있는 사람이 있다.

매일 주식을 사고팔아 단기적으로 수익을 내고 있는데, 그는
번 돈의 절반을 매년 보육원에 기부한다.

"투자는 투자죠? 어떤 식으로든 벌면 되거든요. 제가 버는 목
적 중 하나가 불우한 아이들을 위한 기부이기 때문에 제가 잘하

는 단기 트레이딩으로 벌어서 그 돈을 기부하는 것뿐입니다."

그야말로 명쾌하고 깔끔하다.

투자의 목적은 '수익을 내는 것'이면 충분하다

원래 주식투자는 손실은 한정적이고 이익은 무한대인, 실로 잘 만들어진 시스템이므로 그 시스템을 잘 이용하면 된다. 주식이 인류의 가장 위대한 발명 중 하나로 꼽히는 이유는 바로 '한정된 리스크로 수익을 낼 수 있다'는 데 있다.

주식회사의 뿌리가 17세기 대항해시대 네덜란드에서 설립된 동인도 회사라는 것을 역사 시간에 배운 사람도 많을 것이다. 먼 중국이나 인도 같은 나라에서 다양한 물건을 대량으로 운반해 유럽에 팔면 돈을 벌 수 있다. 항해에 출자해 준다면 이익을 배분해주겠다.

하지만 도중에 배가 난파되거나 해적의 습격을 받으면 어렵게 구한 물건을 잃을 리스크도 있다. 손해도 함께 부담하게 되면, 잘못하면 파산해 버릴지도 모른다. 그러니 소수의 용기 있는 사람만이 도전할 수 있을 것이다. 따라서 이익이 나면 그 이익은 배분하되 손해는 자신이 출자한 돈을 상한으로 정한다. 이것이 바로 유한책임이며 주식의 가장 뛰어난 장점이다.

이익은 무한하지만 손실은 자신이 낸 돈만큼만 난다면 사람들은 마음 놓고 모험에 도전할 수 있다. 이 정신이 자본주의를 길

러냈다. 즉 모든 사람이 이익을 내기 위해 투자를 하면 결과적으로 세상에 널리 돈이 순환되고, 그로 인해 경제가 크게 성장하는 것이다.

지금은 ESG, SDGs, 웰빙과 같은 말이 유행인데, 그중에는 SDGs와는 전혀 인연이 없어 보이는 아저씨가 가슴에 알록달록한 배지를 달고 있는 모습도 곳곳에서 눈에 띈다. 그렇지만 예로부터 일본에는 '삼보요시(三方良し)'라는 훌륭한 경영철학이 있다. 삼보요시는 파는 사람에게도 좋고 사는 사람에게도 좋고 세상에도 이로운 것이어야 한다는 상인정신이다.

주식투자에는 삼보요시라는 이념이 구조적으로 탑재되어 있다. 그러니 투자를 할 때 듣기 좋은 말로 포장해서 면죄부를 받으려 할 필요가 없다. '투자의 목적은 수익을 내기 위해서'라고 당당하게 말하면 되는 것이다.

2 | 자신의 승리 패턴을 가져라

성공하는 사람은 모두 자신만의 승리 패턴이 있다

투자로 성공하기 위해 중요한 것은 여러 가지가 있지만, 그중 하나가 '자신만의 승리 패턴을 만드는' 것이다. 나는 투자자들의 커뮤니티와 온라인 사이트에 몇 군데 참여하고 있다. 개인적으로 공부가 되는 점이 많은데, 성공한 사람들을 보면 공통적으로 자신만의 승리 패턴을 갖고 있다.

예를 들면 어떤 사람은 개별 종목 분석을 잘하거나 좋아한다. 사업 내용이 좋은 회사라고 해서 반드시 주가가 오르는 것은 아니지만 기업 가치가 계속 커지는 회사를 장기 보유하면 주가가 5배 또는 10배로 뛸 가능성은 충분하다. 물론 단기 변동에 흔들리지 않고 버틸 뚝심이 있어야겠지만 이 패턴으로 크게 자산을 불린 사람은 많다. 우리에게 잘 알려진 워런 버핏이 대표적인 유형이다.

또 단타 매매로 이익을 내는 사람도 있다. 물론 백전백승은 있을 수 없지만 실패했을 때는 재빨리 손절해서 손실을 최소화한다. 주로 차트 분석을 지표로 삼아 매수와 매도 시점을 판단하는 패턴이다.

차트에는 투자자들의 심리가 나타나 있으므로 어느 정도 재현성을 기대할 수 있다고 보는 것이다. 미국의 차트 분석가인 조셉 그랜빌(Joseph E. Granville)이 고안한 '그랜빌의 법칙'을 활용해 성과를 거두고 있는 투자자도 많다.

어떤 사람은 저평가주만 노린다. 주가가 가장 크게 뛰어오르는 것은 실적이 밑바닥에서 턴어라운드할 때다. 물론 턴어라운드하지 않고 그대로 망하는 경우도 있지만 여러 종목을 최저 단위로 사서 턴어라운드 조짐이 보이면 추가 매수하는 것도 방법이다. 영국인 투자자인 존 템플턴(John Templeton)은 주가 1달러 미만으로 바닥을 기고 있는 주식을 분산 투자하는 방식으로 큰 성과를 거뒀다.

물론 인덱스 펀드를 적립식 매수하는 것도 효과적인 방법이다. 드라마틱하게 이익을 얻기는 어렵겠지만 서투른 매매로 손실을 거듭하는 것보다는 인덱스 펀드를 적립식으로 투자하면 번거롭지 않고 효율적으로 수익을 올릴 수 있다. 오히려 투자에 들이는 시간이나 수고를 인생의 비용이라고 생각한다면, 이 방식이 가장 비용 대비 성과가 좋을 것이다.

이처럼 세상에는 실로 다양한 투자방식이 존재한다. 지금 소개한 방법은 그중 일부일 뿐이다. 투자는 인간의 심리에 큰 영향을 끼치기 때문에 그 사람의 성격에 맞는 방법이 가장 좋고 그것이 바로 그 사람의 승리 패턴이다.

현대사회에서 투자의 달인 워런 버핏이 스승으로 추앙하는 벤

벤저민 그레이엄(Benjamin Graham)이라는 사람이 있다. 그의 저서 《현명한 투자자》는 1930년대부터 오늘에 이르기까지 읽히는 투자에 관한 불후의 명저인데, 그의 격언 중에도 '나의 게임에서 이기면 된다'는 말이 있다. 그도 자신의 홈그라운드에서 싸워서 자신만의 승리 패턴을 찾아내는 것이 투자할 때 중요하다고 말한 것이다.

시작은 누구나 할 수 있지만
지키는 것은 누구나 할 수 없다

투자에서 가장 피해야 할 점은 '원리주의에 빠지는 것'이다. 그런데 그런 사람이 참 많다. 평론가든 블로거든 이 방식이 가장 뛰어나다, 다른 방식으로는 안 된다고 주장하는 사람들이 있다. 대부분 그들의 주장은 그들이 몸소 실천해 성공한 경험을 말하는 것이므로 설득력이 있다. 결국 그것은 그들의 '승리 패턴'이다. 그러나 그 패턴에 모든 이에게 통하는가 하면 반드시 그렇지는 않다. 예를 들면 '제일 손이 가지 않는 인덱스 펀드 적립식이면 특별한 능력이 필요 없으니 누구나 할 수 있다'라고도 하지만, 투자는 시작하기는 쉬워도 계속하기는 어렵다.

그것이 적립식 투자라도 주가가 훅 떨어지거나 반대로 급등하면 마음이 흔들린다. 결과적으로 주가가 올랐을 때는 추가 매수하고 주가가 떨어지면 기분이 나빠서 팔아버리는 일도 부지기수로 결국 적립식 투자에 실패하는 일도 많이 일어난다.

물론 다른 투자 기법에서도 실패하는 일이 허다하다. 요점은 '수익을 얻으려면 리스크를 감수해야 한다'는 단순한 사실만은 진리이지만, 거기에 도달하는(리스크를 취하고 리턴을 얻는) 길이 반드시 한가지는 아니라는 것이다. 따라서 자신에게 맞는 방법, 즉 자신의 승리 패턴을 찾아내는 것이 중요하다.

이것은 투자에 국한된 이야기는 아니다. 스포츠에서도 일에서도 승리 패턴은 사람마다 제각각이다. 전반전에서 속도를 내는 유형인지 후반에 스퍼트를 올리는 유형인지에 따라 차이가 있듯이, 자신의 승리 패턴을 따르면 좋은 결과가 나오지만, 상대(시장)에게 휘둘려 상대의 페이스에 말려들면 패배하기 마련이다. 자신이 잘하는 패턴을 찾는 것이 매우 중요하다는 것을 잊지 말아야 한다.

3 | 투자자가 할 일은 기다리는 것

'샀는데 전혀 안 올라'라는 지극히 정상적인 상황

투자는 논리적으로 생각하고 상식적인 방식으로 했다고 해서 반드시 주가가 올라서 보답을 받진 않는다. 주가는 논리가 아닌 시장참여자의 감정과 그에 근거한 행동이 일으키는 수급 관계에 영향을 받기 때문이다.

즉 제3장 3절에서 말했듯이, 주가는 '그림자'다. 그 기업이 본래 지닌 가치를 주가가 항상 올바르게 나타내는 것은 아니다. 주가는 때때로 사람들의 기대감이 반영되기 때문이다.

따라서 그 기업이 사람들에게 높은 평가를 받고 인기를 얻을 때까지는 시간이 걸릴 수 있다. 아니, 시간이 걸리는 경우가 훨씬 많다. 3개월, 반년 정도는 괜찮은 편이고 개중에는 몇 년씩 걸리기도 한다. 그러니 '샀는데 전혀 안 올라'라는 상황은 지극히 정상이다. 물론 지금 한창 인기를 끌고 있는 상태라면 그렇지 않다. 사자마자 오를 수도 있다. 반대로 내가 샀을 때가 꼭지일 가능성도 크다.

투자의 기본은 기업 실체에 비해 그림자가 작은 즉 주가가 싸져 있을 때 사는 것이다. 인기가 없을 때 사는 것이니 당연히 주가는 더디게 상승한다. 흔히들 '좋은 줄 알고 샀는데' 또는 '좋다는 말을 듣고 샀는데 주가가 꿈쩍도 하지 않는다'고 불평하는 사람들이 있는데, 이들은 투자의 기본을 모른다고 할 수 있다. 언제 오를지는 아무도 모른다.

하지만 성장성과 이익의 실체가 탄탄한 기업이라면 조만간 그 주가는 정당하게 평가될 때가 올 것이다. 그때까지 기다리는 것이 투자자가 할 일이다.

앞에서 소개한 벤자민 그레이엄이 말하는 '투자를 할 때 중요한 점'은 다음 3가지를 꼽았다.

① 기업의 가치는 측정할 수 있다.
② 그 가치보다 주가가 낮을 때 매수하고 그 괴리가 좁혀지면 수익이 난다.
③ 그러기 위해 시간을 내 편으로 만든다.

여기서 나온 시간을 내 편으로 만든다는 것은 단순히 장기투자를 하라는 뜻이 아니다. 기업 가치와 주가가 일치할 때까지 기다리라는 것이다. 많은 경우 약세였던 주가가 제 가치로 수정되기까지는 상당한 시간이 걸린다. 시간이 걸리는 것을 부정적으로 생각하지 말고 그 점을 수용할 수 있다면 투자에 성공할 수 있다 뜻이다.

제2장 1절에서 장기투자가 반드시 리스크를 줄이진 않는다고

했지만, 나는 장기투자 자체를 부정적으로 생각하는 것은 아니다. 오히려 투자로 큰 성과를 거두려면 장기적으로 성장하는 기업의 주식을 꾸준히 보유해서 보답을 받는 경우가 많다. 기본적으로 주식투자는 장기투자의 자세, 즉 기다림이라는 것을 염두에 둬야 한다.

적립식 인덱스 투자도 기다림이 중요하다

투자자에게 기다림이 중요한 것은 개별주에만 해당하지 않는다. 인덱스 펀드를 적립식으로 매수한 사람도 '기다리는 것'이 중요하다. 펀드, 특히 인덱스형은 주식과 달리 기본적으로는 적정가(페어밸류)라는 것이 없으며 시장에는 고평가된 주식도 있고 저평가된 주식도 있으므로 저평가되었을 때 사서 '기다리지는' 않는다. 원래 적립식 투자는 시장의 환경이 좋을 때건 나쁠 때건 상관없이 일정한 금액을 지속적으로 매수하는 것이다. 그렇다면 '사놓고 기다리는' 방식이 아닌데 대체 무엇을 기다리라는 말이냐고 생각할 수 있다.

적립식 인덱스 투자를 하면서 기다려야 할 것은 '경제 성장'이다. 인덱스 투자는 특정 '시장 지수', 예를 들면 닛케이평균이나 토픽스(TOPIX)와 같은 지수 연동을 목표로 하는 펀드를 매수한다고 생각하기 쉽다. 그것은 상품의 정의로 봤을 때 틀린 말이 아니지만, 보다 넓은 의미에서의 인덱스 투자는 특정 국가의 지수뿐 아니라 전 세계 시장 전체에 분산투자하는 것이기도 하다. 이것을 패시브 운용이라고도 한다.

과거 3년간을 보면 세계 경제의 규모는 확대하고 있다. 2020년 통상백서[1]를 보면, 1990년 세계 GDP는 7조 달러였던 데 비해 2019년에는 9조 달러로 4배 가까이 확대되었다. 그동안 4배 이상 으로 커진 나라도 많고 일본은 정체된 3년간이었지만 주식 시가 총액으로 보면 2배 가까이 증대했다. 향후 8년간은 어떻게 될지 모르지만, 적어도 세계에서 자본주의 체제가 지속되고 인구가 증 가하는 한 경제 규모가 확대될 것은 틀림없는 일이다.

물론 그동안 여러 번 폭락을 겪을 것이다. 리먼브라더스 사태, IT 버블 붕괴와 같이 과거에도 여러 번 주가가 폭락했다. 그러나 적립식 인덱스 투자는 떨어지면 싼 가격으로 매수하게 되므로 세 계 경제 성장 추세가 꺾이지 않는 한 보답을 받게 된다. 그때를 기다리는 것이 바로 인덱스 투자다.

장기투자는 폭락 시 팔지 않는 것이 철칙

또 개별주 투자든 인덱스 투자든 상관없이 결코 해서는 안 되는 행위가 있다. 적어도 장기투자의 자세로 기다리기를 선택한 이 상, 주가가 폭락했을 때는 절대 팔면 안 된다. (단기 매매는 별개

---

1 일본 경제산업성이 발생하는 통상전략 개요 자료.

다. 빨리 도망치는 편이 손실이 적은 경우도 상당히 많다)는 것이다.

투자 어드바이스는 내 업무가 아니지만 만약 투자에서 중요한 점을 하나만 알려달라고 한다면 주저 없이 '폭락 시 매도하지 마'라는 점을 꼽을 것이다.

주식은 오르면 반드시 내리고 내리면 언젠가는 반드시 오른다. 그 움직임에 맞춰서 매매하지 말고 '기다리는' 것이 투자자의 가장 중요한 할 일임을 기억하자.

4 | 유연한 사고가 수익을 준다

리스크에서 도망치고 싶다

투자는 불확실성에 거는 행위이므로 인간이라면 누구나 불안감을 갖게 된다. 그러나 투자로 성공하려면 그런 불안함을 오롯이 받아들이고 리스크와 마주해야 한다. 하지만 사람들은 리스크에서 도망치고 싶어 한다.

그러면 사람들은 다음 두 가지 행동 중 하나를 한다.

① 누군가 다른 사람에게 묻고 답을 구한다.
② 특정한 투자 기법을 믿고 그에 따른다.

이 둘의 공통점은 무언가를 믿고 의지하며 스스로 리스크와 마주하지 않고 외면하거나 도망친다는 점이다. 그러나 불안한 마음을 외면하지 말고 그와 정면으로 마주해 스스로 생각하고 판단하지 않으면 절대로 수익을 낼 수 없다. 그렇게 하고 싶지 않다면 투자를 하지 않는 편이 낫다.

①의 경우 판단을 남에게 맡겨서 리스크에서 달아나려고 하는 행동이다. 물론 모르는 점이 있으면 다른 사람의 조언을 들을 수 있지만 투자 종목이나 시점을 묻는 것은 하지 않는 것이 좋다.

나도 때때로 '지금은 어떤 종목을 사면될까요?'라는 질문을 받는다. 나는 FP도 아니고 투자조언가도 아니므로 그런 질문에는 일절 답하지 않는다. 시장 전망이나 앞으로 성장 가능성이 있는 업종과 기업을 언급하지만 이것은 어디까지나 개인적인 의견이며 그것이 맞을지 틀릴지, 예상대로 될지는 알 수 없는 노릇이다.

가능한 한 여러 사람의 의견을 들은 다음 스스로 생각해서 판단한다면 문제없지만 '뭐 돈 벌 만한 종목은 없냐'고 묻고 다니거나 잡지 표지에 나오는 종목을 덜컥 매수하는 것은 하지 않느니만 못하다.

경험을 절대시하지 마라

또 ②의 경우, 특정 투자기업을 믿어서 불안 심리에서 달아나려는 행동이다. 이때 한 가지 운용 기법을 맹목적으로 믿고 그 방법이 절대적이라고 생각하게 될 수 있다. '차트 분석'도 '장기, 적립식, 분산 투자' 등 여러 가지가 있지만 어느 한 방법만이 절대적으로 정답일 수는 없다.

나는 어떤 방법이 틀렸다고 생각하지 않는다. 어떤 방식이든 다 일장일단이 있다. 차트를 분석해서 거래하는 것은 단기거래에는 효과적이지만 장기투자에서는 별 의미가 없으며, '중기, 분산, 적립식 투자'를 펀드에서 하는 것은 손이 많이 가지 않고 스스로 생각하지 않아도 되는 편리한 방법이긴 하지만 수익을 극대화하기는 어렵다.

사람은 자신의 성공과 실패 경험에서 많은 것을 배운다. 문제는 그것을 절대적이라고 믿는 데 있다.

다국적 금융기관에서 오랫동안 운용해온 사람이나 증권사의 능력 있는 트레이더로 잘 알려진 사람이 '오랫동안 투자 운용을 해왔지만 결코 만만한 일이 아니다. 역시 적립식 투자가 제일'이라고 말하면 '아, 이렇게 외국계에서 일해 온 유능한 사람도 적립식 투자를 권유하는구나!'하고 생각할 것이다. 하지만 어쩌면 그 사람은 운용에 서툴렀을지도 모른다. 이것은 일종의 후광효과 ※다. 사실 그렇게 유명한 사람은 아니어도 오랫동안 운용 분야에서 큰 성과를 내는 사람은 우리 눈에 띄지 않아서 그렇지 얼마든지 있다.

무엇보다 가장 중요한 것은 유연한 사고방식으로 스스로 생각하는 것이다. 나는 '개별주 장기 보유'라는 운용방식을 주로 하지만, 이것도 상황이 변하면 잘 안 될 수도 있으니 이 방식만 고수하면 된다고는 전혀 생각하지 않는다. 적립식 투자를 벌써 20년 가까이 계속하는 한편으로 주식을 단기 거래하기도 한다. 이 두 가지는 사고방식과 기법이 완전히 다르므로 항상 머리를 말랑말

※ 후광효과
어떤 대상을 평가할 때 눈에 띄기 쉬운 특징에 끌려 다른 특징에 대한 평가가 왜곡되는 현상을 말한다. 불상의 광배처럼 빛나 보인다는 뜻으로 영어로는 Halo(광배) effect라고 한다. 이 경우 다국적 금융기관 등에서 오랫동안 일해 왔다는 사실과 운용에 재능이 있다는 것은 전혀 다른데, 직책이나 경력이 후광이 되어 사람들을 착각하게 하는 것이다.

랑하게 해줘야 한다.

이 절 서두의 이야기로 돌아가자면 사람이 앞이 보이지 않는 것, 불확실한 것에 대해 불안해하는 것은 자연스러운 일이다. 그것이 바로 '리스크'다.

하지만 리스크를 감수하지 않으면 수익을 얻을 수 없는 것 또한 사실이다.

번거로움과 불안함은 피하고 싶지만 그래도 돈을 벌고 싶은 마음을 이해하지 못하는 바는 아니지만 투자를 하려면 무엇보다 '용기와 각오'가 필요하다.

아무것도 몰라도 일단 투자를 시작하면 된다는 안이한 권유에는 넘어가지 말자. 또 투자 방법에 정답은 하나가 아니라는 점을 이해하고 항상 유연한 사고로 다양한 선택지가 있다는 것을 부정하지 않는 것도 중요하다. 투자에서 절대적으로 옳은 것은 '앞날은 아무도 모른다'는 것과 '세상에 공짜 점심은 없다'는 것뿐이다. 나머지는 모든 것에 의문을 품고 생각함과 동시에 근거 없는 믿음을 없애는 것이 필요하다.

제1장에서도 말했듯이 용기와 사고력과 약간의 공부는 투자에 필수 요건이다. 투자는 아무리 오래 해도 리스크와 마주하는 것으로부터 벗어날 수 없음을 각오해야 할 것이다.

5 | 무리하지 마라

투자는 잃어도 될 돈으로 하라는 말의 뜻

흔히 '투자는 잃어도 되는 돈으로 하라'고 한다. 물론 잃어도 좋은 돈이 어디 있겠냐마는 '설사 그 돈을 전부 날려도 생활에 지장을 주지 않는 범위에서 투자하라'는 뜻이다.

이건 맞는 말이다. 물론 신용거래처럼 레버리지를 이용하거나 내가 산 주식의 기업이 파산하지 않는 한 투자한 돈이 다 없어지지는 않겠지만, 심리적으로 그 정도의 여유를 갖고 하라는 뜻일 것이다.

투자할 때는 결코 무리해서는 안 된다는 말이다.

1000만 엔이 있다면 얼마나 투자할 것인가

가격 변동이 있는 위험상품, 즉 주식이나 펀드에 자신이 가진 금융자산의 몇 %를 투자할지는 그 사람의 리스크 허용도가 얼마나 되느냐에 따라 달라진다.

만일 자신의 금융자산이 총 1,000만 엔이라고 하고, 절반인 500만 엔을 리스크 상품에 투입한다고 하자. 나라면 이 500만 엔을 리스크 상품에 투입하는 상한액이라고 생각하겠다. 즉 항상

500만엔 전액을 리스크 상품에 투입하는 것이 아니라, 그중 몇 퍼센트는 현금(예금)으로 가지고 있는 것이다. 요점은 투자를 할 때 그 돈이 설령 투자용 자금이라고 해도 일정한 비율은 현금으로 둬야 한다는 생각이다. 그 이유는 오랫동안 투자를 해 온 사람이라면 잘 알 것이다.

투자를 하다 보면 내가 보유한 상품이 급락하는 일이 언제든 일어날 수 있기 때문이다. 사람에 따라서는 '거품이 끼었을 때는 일단 전부 팔았다가 주가가 내려가면 그때 다시 사면된다'라고 말하는데, 실례지만 그런 말을 하는 사람은 주식투자 경험이 별로 없는 사람이 많다.

원래 언제가 거품인지는 아무도 모른다. 거품(버블)이라는 것은 거품이 꺼져봐야 비로소 아는 것이다. 게다가 내려가면 다시 사면된다고 하지만 실제로 경험해 보면 그것은 불가능하다는 걸 알게 될 것이다. 주가가 떨어지면 더 떨어질지 모른다는 불안에 휩싸여 막상 손이 나가지 않는다. 바닥 근처에서 산다는 말은 논리가 그렇다는 것이지 실행하기 쉽지 않다.

투자자들이 가장 억울해 하는 두 가지 경우

특히 리먼브라더스 사태나 코로나바이러스 팬데믹 같은 때는 아무리 실적이 좋은 회사라도 주가가 동반 하락한다. 어디까지 내려갈지 예측하기란 불가능하다. 기업의 실체가 나빠서 매도가 쏟아지는 것이 아니니 논리적으로 생각해도 판단할 수가 없다.

그럴 때는 팔지 말고 견뎌야 하며 만약 수중에 현금이 있으면 추가 매수를 하면 된다.

이때도 조금씩 사고 더 떨어지면 또 사는 식으로 하면 된다. 그럴 때를 대비해 항상 일정한 현금을 갖고 있어야 한다.

그동안 여러 투자자에게 의견을 물어봤지만 가장 억울한 것은 판 주식이 그 후 올랐을 때와 주가가 충분히 떨어졌는데 돈이 없어서 못 샀을 때라고 한다. 이것은 나 자신의 경험으로부터도 동의할 수 있다.

이를 피하려면 폭락 시 겁을 먹고 황급히 팔지 말 것, 그리고 항상 추가 매수할 수 있도록 일정한 현금을 갖고 있어야 한다.

단판 승부보다는 즐기면서 자산운용을

그중에는 자신의 허용 한도액을 전부 투자금으로 돌리고 시장이 폭락하면 '몰빵!'이라며 본래는 안전 자산으로서 갖고 있던 돈도 쏟아 넣는 사람도 있다. 하지만 그것은 무리수라는 것, 단판 승부에 나서는 것도 좋지만 그 경우 타격이 클 수 있다는 각오를 해야 한다. 설령 그렇게 되어서 자신의 재산이 크게 줄더라도 다시 일해서 벌면 된다고 생각하는 사람이라면 모를까 그것이 싫다면 투자액에 자신이 정한 상한선을 지켜야 할 것이다.

사실 주식투자로 큰 재산을 모은 사람 중에는 꽤 무리해서 단판 승부로 큰돈을 번 사람도 어느 정도 있다. 아니, 몇십억 엔이나 되는 재산을 쌓은 사람은 주식이든 부동산이든 한 번쯤 그렇게 큰 승부에 나선 적이 있을 것이다. 누누이 말하지만 리스크를 감수해야 수익을 얻을 수 있기에 단판 승부에서 이긴 사람은 큰 보상을 받을 수 있었던 것이다.

그렇지만 나를 비롯해 대다수 사람은 그렇게까지 큰 리스크를 감수하고 승부를 걸 필요는 없을 것이다.

투자의 목적은 각자 다르겠지만 보통은 즐겁게 자산을 조금씩 불리는 것이 아닐까. 그렇다면 투자할 때 '절대로 무리하지 않는 것'이 가장 중요하다.

역자 소개 | **오시연**

동국대학교 회계학과를 졸업했으며, 일본 외국어전문학교 일한통역과를 수료했다.
현재 에이전시 엔터스코리아에서 일본어 전문 번역가로 활동하고 있다.
주요 역서로는 《텐배거 입문》, 《주린이 경제 지식》, 《주식의 신 100법칙》, 《만화로
아주 쉽게 배우는 통계학》, 《통계학 초 입문》, 《말하는 법만 바꿔도 영업의 고수가
된다》, 《무엇을 아끼고 어디에 투자할 것인가》, 《한 번 보고 바로 써먹는 경제용어
460》, 《상위 1%만 알고 있는 가상화폐와 투자의 진실》, 《거꾸로 생각하라》, 《회계의
신》, 《돈이 당신에게 말하는 것들》, 《짐 로저스의 일본에 보내는 경고》, 《로지스틱스
4.0》 등이 있다.

투자의 속성

:당신이 투자로 돈을 못 버는 이유

1판 1쇄 발행 2022년 1월 7일

지은이 오에 히데키
옮긴이 오시연
발행인 최봉규

발행처 지상사(청홍)
등록번호 제2017-000075호
등록일자 2002. 8. 23.
주소 서울 용산구 효창원로64길 6 일진빌딩 2층
우편번호 04317
전화번호 02)3453-6111 **팩시밀리** 02)3452-1440
홈페이지 www.jisangsa.co.kr
이메일 jhj-9020@hanmail.net

한국어판 출판권 ⓒ 지상사(청홍), 2022
ISBN 978-89-6502-309-8 [03320]

주식 데이트레이딩의 **神신 100법칙**

이시이 카츠토시 / 이정미

옛날 장사에 비유하면 아침에 싼 곳에서 사서 하루 안에 팔아치우는 장사다. '오버나잇' 즉 그날의 자금을 주식 시장에 남기는 일을 하지 않는다. 다음 날은 다시 그날의 기회가 가장 큰 종목을 선택해서 승부한다. 이제 개인 투자자 대다수가 실시하는 투자 스타일일 것이다.

값 16,000원 국판(148*210) 248쪽
ISBN978-89-6502-307-4 2021/10 발행

주식의 **神신 100법칙**

이시이 카츠토시 / 오시연

당신은 주식 투자를 해서 좋은 성과가 나고 있는가? 서점에 가보면 '주식 투자로 1억을 벌었느니 2억을 벌었느니' 하는 책이 넘쳐나는데, 실상은 어떨까? 실력보다는 운이 좋아서 성공했으리라고 생각되는 책도 꽤 많다. 골프 경기에서 홀인원을 하고 주식 투자로 대박을 낸다.

값 15,500원 국판(148*210) 232쪽
ISBN978-89-6502-293-0 2020/9 발행

세력주의 **神신 100법칙**

이시이 카츠토시 / 전종훈

이 책을 읽는 사람이라면 아마도 '1년에 20%, 30%의 수익'이 목표는 아닐 것이다. '짧은 기간에 자금을 10배로 불리고, 그걸 또 10배로 만든다.' 이런 '계획'을 가지고 투자에 임하고 있을 것이다. 큰 이익을 얻으려면 '소형주'가 안성맞춤이다. 우량 종목은 실적이 좋으면 주가 상승을…

값 16,000원 국판(148*210) 240쪽
ISBN978-89-6502-305-0 2021/9 발행

영업은 대본이 9할

가가타 히로유키 / 정지영

이 책에서 전달하는 것은 영업 교육의 전문가인 저자가 대본 영업 세미나에서 가르치고 있는 영업의 핵심, 즉 영업 대본을 작성하고 다듬는 지식이다. 대본이란 '구매 심리를 토대로 고객이 갖고 싶다고 "느끼는 마음"을 자연히 끌어내는 상담의 각본'을 말한다.

값 15,800원 국판(148*210) 237쪽
ISBN978-89-6502-295-4 2020/12 발행

영업의 神신 100법칙

하야카와 마사루 / 이지현

인생의 고난과 역경을 극복하기 위해서는 '강인함'이 반드시 필요하다. 내면에 숨겨진 '독기'와도 같은 '절대 흔들리지 않는 용맹스러운 강인함'이 있어야 비로소 질척거리지 않는 온화한 자태를 뽐낼 수 있고, '부처'와 같은 평온한 미소로 침착하게 행동하는 100법칙이다.

값 14,700원 국판(148*210) 232쪽
ISBN978-89-6502-287-9 2019/5 발행

리더의 神신 100법칙

하야카와 마사루 / 김진연

리더가 다른 우수한 팀을 맡게 되었다. 하지만 그 팀의 생산성은 틀림없이 떨어진다. 새로운 다른 문제로 고민에 휩싸일 것이 뻔하기 때문이다. 그런데 이번에는 팀 멤버를 탓하지 않고 자기 '능력이 부족해서'라며 언뜻 보기에 깨끗하게 인정하는 듯한 발언을 하는 리더도 있다.

값 15,000원 국판(148*210) 228쪽
ISBN978-89-6502-292-3 2020/8 발행

경매 교과서

설마 안정일

저자가 기초반 강의할 때 사용하는 피피티 자료랑 제본해서 나눠준 교재를 정리해서 정식 책으로 출간하게 됐다. A4 용지에 제본해서 나눠준 교재를 정식 책으로 출간해 보니 감회가 새롭다. 지난 16년간 경매를 하면서 또는 교육을 하면서 여러분에게 꼭 하고 싶었던…

값 17,000원 사륙배판(188*257) 203쪽
ISBN978-89-6502-300-5 2021/3 발행

생생 경매 성공기 2.0

안정일(설마) 김민주

이런 속담이 있죠? '12가지 재주 가진 놈이 저녁거리 간 데 없다.' 그런데 이런 속담도 있더라고요. '토끼도 세 굴을 판다.' 저는 처음부터 경매로 시작했지만, 그렇다고 지금껏 경매만 고집하지는 않습니다. 경매로 시작했다가 급매물도 잡고, 수요 예측을 해서 차액도 남기고…

값 19,500원 신국판(153*224) 404쪽
ISBN978-89-6502-291-6 2020/3 발행

설마와 함께 경매에 빠진 사람들

안정일 김민주

경기의 호황이나 불황에 상관없이 경매는 현재 시장의 시세를 반영해서 입찰가와 매매가가 결정된다. 시장이 나쁘면 그만큼 낙찰 가격도 낮아지고, 매매가도 낮아진다. 결국 경매를 통해 수익을 얻는다는 이치는 똑같아 진다. 그래서 경매를 잘하기 위해서는…

값 16,800원 신국판(153*224) 272쪽
ISBN978-89-6502-183-4 2014/10 발행

주식투자 1년차 교과서

다카하시 요시유키 / 이정미

오랫동안 투자를 해온 사람 중에는 지식이 풍부한 사람들이 있다. 그러나 아쉽게도 지식이 풍부한 것과 투자에 성공하는 것은 서로 다른 이야기다. 투자에서는 '잘 안다'와 '잘 한다' 사이에 높은 벽이 있다. 이 책에서는 '잘할' 수 있도록, 풍부한 사례를 소개하는 등 노력하고 있다.

값 15,800원 국판(148*210) 224쪽
ISBN978-89-6502-303-6 2021/5 발행

월급쟁이 초보 주식투자 1일 3분

하야시 료 / 고바야시 마사히로 / 노경아

무엇이든 시작하지 않으면 현실을 바꿀 수 없다는 것을 깨닫고 회사 업무를 충실히 수행하면서 주식을 공부해야겠다고 결심했다. 물론 주식에 대한 지식도 경험도 전혀 없어 밑바닥에서부터 시작해야 했지만, 주식 강의를 듣고 성과를 내는 학생들도 많았으므로 좋은 자극을 받았다.

값 12,700원 사륙판(128*188) 176쪽
ISBN978-89-6502-302-9 2021/4 발행

텐배거 입문

니시노 다다스 / 오시연

틈새시장에서 점유율 1위인 기업, 앞으로 높이 평가받을 만한 신흥기업을 찾아내 투자하는 것이 특기였다. 그 결과 여러 번 '안타'를 칠 수 있었다. 10배 이상의 수익을 거두는 이른바 '텐배거' 종목, 즉 '만루 홈런'은 1년에 한 번 있을까 말까다. 하지만 두세 배의 수익을 내는 주식…

값 16,000원 국판(148*210) 256쪽
ISBN978-89-6502-306-7 2021/10 발행

외로움은 통증이다

오광조

몇 해 전 영국에서 외로움 담당 장관을 임명할 정도로 외로움은 이제 국가 차원의 문제가 되었다. 이 책은 여러분처럼 외로운 시대를 사는 누군가의 외로움과 고독에 대해 생각하고 정리한 내용이다. 부디 여러분의 고민에 조금이라도 도움이 되기를 바란다.

값 15,700원 신국판(153*225) 245쪽
ISBN978-89-6502-297-8 2021/1 발행

꾸준함으로 유혹하라

유송자

단기간에 MDRT회원이 되었다. 꿈 너머 꿈이라고 했던가. 목표 넘어 목표라고 했던가. 100주 만 해보자 하고 시작했던 것이 700주를 넘겼고 1,550주를 향해 달려가고 있다. 뿐만 아니라 2008년 첫 MDRT회원이 되어 14년을 유지해 종신회원이 되었다.

값 16,000원 국판(148*210) 248쪽
ISBN978-89-6502-304-3 2021/7 발행

통계학 超초 입문

다카하시 요이치 / 오시연

젊은 세대가 앞으로 '무엇을 배워야 하느냐'고 묻는다면 저자는 다음 3가지를 꼽았다. 바로 어학과 회계학, 수학이다. 특히 요즘은 수학 중에서도 '통계학'이 주목받는 추세다. 인터넷 활용이 당연시된 이 시대에 방대한 자료를 수집하기란 식은 죽 먹기이지만…

값 13,700원 국판(148*210) 184쪽
ISBN978-89-6502-289-3 2020/1 발행

세상에서 가장 쉬운 통계학 입문

고지마 히로유키 / 박주영

이 책은 복잡한 공식과 기호는 하나도 사용하지 않고 사칙연산과 제곱, 루트 등 중학교 기초수학만으로 통계학의 기초를 확실히 잡아준다. 마케팅을 위한 데이터 분석, 금융상품의 리스크와 수익률 분석, 주식과 환율의 변동률 분석 등 쏟아지는 데이터…

값 12,800원 신국판(153*224) 240쪽
ISBN978-89-90994-00-4 2009/12 발행

세상에서 가장 쉬운 베이즈통계학 입문

고지마 히로유키 / 장은정

베이즈통계는 인터넷의 보급과 맞물려 비즈니스에 활용되고 있다. 인터넷에서는 고객의 구매 행동이나 검색 행동 이력이 자동으로 수집되는데, 그로부터 고객의 '타입'을 추정하려면 전통적인 통계학보다 베이즈통계를 활용하는 편이 압도적으로 뛰어나기 때문이다.

값 15,500원 신국판(153*224) 300쪽
ISBN978-89-6502-271-8 2017/4 발행

만화로 아주 쉽게 배우는 통계학

고지마 히로유키 / 오시연

비즈니스에서 통계학은 필수 항목으로 자리 잡았다. 그 배경에는 시장 동향을 과학적으로 판단하기 위해 비즈니스에 마케팅 기법을 도입한 미국 기업들이 많다. 마케팅은 소비자의 선호를 파악하는 것이 가장 중요하다. 마케터는 통계학을 이용하여 시장조사 한다.

값 15,000원 국판(148*210) 256쪽
ISBN978-89-6502-281-7 2018/2 발행

대입-편입 논술 합격 답안 작성 핵심 요령 150

김태희

시험에서 합격하는 비결은 생각 밖으로 단순하다. 못난이들의 경합에서 이기려면, 시험의 본질을 잘 알고서 그것에 맞게 올곧게 공부하는 것이다. 그러려면 평가자인 대학의 말을 귀담아들을 필요가 있다. 대학이 정부의 압력에도 불구하고 논술 시험을 고수하는 이유는….

값 22,000원 신국판(153*225) 360쪽
ISBN978-89-6502-301-2 2021/2 발행

대입-편입 논술에 꼭 나오는 핵심 개념어 110

김태희

논술시험을 뚫고 그토록 바라는 대학에 들어가기 위해서는 논술 합격의 첫 번째 관문이자 핵심 해결 과제의 하나인 올바른 '개념화'의 능력이 필요하다. 이를 위해서는 관련한 최소한의 배경지식을 습득해야 하는데, 이는 거창한 그 무엇이 아니다. 논술시험에 임했을 때…

값 27,000원 신국판(153*225) 512쪽
ISBN978-89-6502-296-1 2020/12 발행

독학 편입논술

김태희

이 책은 철저히 편입논술에 포커스를 맞췄다. 편입논술 합격을 위해 필요한 많은 것들을 꾹꾹 눌러 채워 넣었다. 전체 8장의 단원으로 구성되었지만, 굳이 순서대로 공부할 필요는 없다. 각 단원을 따로 공부하는데 불편함이 없도록, 겹겹이 그리고 자세히 설명했다.

값 45,500원 사륙배판(188*257) 528쪽
ISBN978-89-6502-282-4 2018/5 발행